도둑맞은 권력,
진짜 보수

도둑맞은 권력

윤석만 지음

진짜 보수

가디언

머리말

도둑맞은 권력,
창조적 보수의 길

보수층은 이재명에게 권력을 도둑맞았다고 생각할지 모른다. 전과 4범도 모자라 5개 재판에 12개 혐의가 주렁주렁 매달려 있는 그를 대통령으로 인정하기 어려워서다. 어떤 사람들은 이 같은 인지부조화 상황을 받아들이지 못해 부정선거론에 빠져들 수도 있다. 그러나 현실을 똑똑히 들여다보자. 이재명에게 꽃길을 깔아준 것은 국민의힘 기득권 정치인들이고, 이재명 당선의 일등 공신은 윤석열이다. 윤석열이 비상계엄을 하지 않고 멀쩡하게 임기를 지켰다면, 이재명은 지금쯤 대통령이 아니라 법의 심판을 받고 있을 것이다.

비상계엄 이후 탄핵 정국에선 어땠나. 윤석열을 따르는 무리가 비상계엄을 '계몽령'이라 부르며 여론을 호도했다. 그 결과 비상계엄은 정당한 것이고, 마치 윤석열이 파면되지 않을 것 같은 환상까지 심어줬다. 도널드 트럼프가 구하러 올 것이라는 망상도 있었다. 그렇게 윤석열과 그를 추종하는 무리가 한남동 관저에 축성하는 사이 보수층은 둘로 쪼개졌다.

조기 대선 국면에서도 이재명에 맞설 만한 유일한 후보를 놔두고, 당시 국무총리였던 한덕수를 띄우며 경선 자체를 형해화했다. 그렇게 뽑아 놓은 후보를 두고선 또다시 '당내 쿠데타'를 통해 지도부 멋대로 후보를 교체하려고 했다. 다행히 쿠데타는 막았지만, 상황이 나아질 일은 없었다. 애초에 비상계엄을 옹호하는 듯한 스탠스로 지지율이 급등한 김문수는 경선 과정에선 '한덕수 단일화'를 내세워 표를 받았고, 정작 본선에선 누가 봐도 지는 선택만 골라서 했다. 윤석열 부부와 완벽히 절연하지 못했으며, 국민의힘을 망친 주류 기득권 세력과도 결별하지 않았다. 오히려 부정선거 음모론을 믿는 세력과 극우 유튜버들까지 덕지덕지 끌어들였다.

결과는 참담했다. 김문수는 이재명에게 289만 표 차이로 졌다. 대선 직후 나온 여론조사에서 김문수와 국민의힘 지지율은 반토막 났다. 비상계엄과 탄핵 국면을 극복하지 못한 것이 주된 패배의 원인이었다.

내란청산 프레임으로 치러진 선거에서 내란에 책임 있는 세력들이 주축이 되었으니 당연한 결과였다.

그렇다면 보수가 권력을 도둑맞은 것은 누구 때문인가. 첫 번째는 윤석열 탓이 가장 크다. 그는 줄곧 자유민주주의 수호를 위해 비상계엄을 했다고 하지만, 속속 드러나는 증거들은 그의 내란수괴 혐의만을 강화할 뿐이다. 애초에 법적 요건에도 맞지 않는 비상계엄은 자유민주주의 질서를 위협하는 자해행위였다. 불법 계엄으로 국민에게 큰 고통을 안긴 것도 모자라, 모든 책임을 아랫사람들에게 떠넘기며 보수층을 갈라치기하고 가스라이팅했다.

두 번째는 윤석열을 뒷배로 호가호위하며 마지막까지 기득권을 유지하기 위해 당과 보수 전체를 팔아먹은 무리다. 내란특검, 김건희특검에서 자유롭지 못한 이른바 '을사오(吾)적'이다. 계엄 정당 국민의힘이 이재명 민주당의 횡포에 맞서 싸우려면 처절한 반성과 개혁이 필요했지만, 제일 먼저 쇄신 대상에 오를 것 같은 이들은 처음부터 틀린 선택을 했다. 당과 국민의 이익이 아닌, 자신의 안위와 기득권을 지키는 방향으로.

주권은 국민에게 있지만 이를 위임받아 권력을 행사하는 것은 국민의 대표인 정치인이다. 그러나 윤석열과 주류 기득권 세력은 권력을 마치 자기 것인 양 착각했다. 말로는 자유민주주의를 외치면서, 그 안에 담긴 자유와 민주의 뜻은 무엇인지, 이로부터 파생하는 공화와 법치의 가치는 어떤 것인지 기본적인 개념조차 이해하지 못하고 있었다.

국민이 권력을 도둑맞지 않으려면 적대적 공생을 벌여온 양극단의 정치세력을 모두 심판해야 한다. 윤석열은 비상계엄으로, 이재명은 일상계엄으로 자유민주주의를 위기로 몰았다. 윤석열은 역사의 심판을 받고 있지만, 이재명은 윤석열의 비상계엄으로 대통령이 됐다. 이재명 입장에선 역대 대통령 중 가장 큰 행운을 거머쥔 것이나 다름없다.

그렇다면 우리에게 남은 선택지는 두 개뿐이다. 이재명이 개과천선해 선정을 펼치는 요행을 바라거나, 보수 정당이 새롭게 태어나 무도한 정권을 견제할 수 있는 건강한 정치세력으로 거듭나는 것이다. 첫 번째는 말 그대로 요행이니 가만히 기다리는 수밖에 없다. 그러니 우리가 선택할 수 있는 길은 하나뿐이다. 보수 정당을 개혁하고 쇄신해 새로운 정치세력을 만드는 일이다.

다행히 대한민국의 보수는 위기의 순간마다 옳은 결단을 내리고, 이를 실천해 온 역사적 DNA가 있다. 전쟁의 폐허 속에서 나라를 일으켰고, 가난에 허덕이던 나라를 선진국으로 발전시켰다. 지금은 진보의 전유물인 양 어젠다를 뺏겼지만, '민주화'의 업적도 엄연히 말하면 좌우파 모두의 공이다. 다시 한번 보수는 역사의 기로에 섰다. 대한민국을 다시 일으켜 세울 것이냐, 선진국의 문턱에서 미끄러진 중진국으로 남을 것이냐, 미래는 우리 선택에 달렸다.

보수가 옳은 결단을 내리려면 창조적 파괴를 해야 한다. 그 시작은 자유주의다. 데카르트의 방법론적 회의(methodological skepticism)처럼 인간의 모든 가치와 권리를 하나씩 제하다 보면, 가장 마지막에 남는 것은 인간의 존엄과 자유다. 자유로운 인간만이 자신의 존엄을 지킬 수 있고, 스스로 존엄한 존재만이 타인의 자유도 인정할 수 있다. 보수 정치세력이 그동안 말로만 떠들고 실제로는 한 번도 실천해 보지 못한 자유주의를 진짜로 해보자는 이야기다.

자유주의는 시민의 자유와 거기서 파생되는 다양성과 개방성, 관용의 가치를 최우선으로 한다. 집단보다 개인을, 통제보다 자율을, 획일성보다 다양함을 존중한다. 사회주의와 국가주의 이념이 대중을 획일화하고 억압할 때, 정부로부터 시민의 인권과 권리를 지켜내고 이를 실천할 법과 제도를 만드는 것이 자유주의다. 특히 미래 사회에는 자유의 가치가 더욱 높아질 것이다. 미래에는 창의성과 상상력이 사회 발전의 원동력이 된다. 이를 키우는 것은 개인의 자유와 이를 지탱하는 사회 시스템이다. 모두가 자유롭게 자신의 꿈을 펼치고 노력한 만큼 보상받을 수 있는 사회를 만드는 것, 그것이 미래지향적인 보수주의자가 할 일이다.

나는 이 책을 통해 권위주의가 몸에 밴 보수 정치인들의 인습과 경제적(시장) 관점에서만 자유를 강조해 온 관행을 깨려고 한다. 그 대신 정치·사회적 자유주의를 보수의 핵심 가치로 내세우려고 한다. 정치·사회적 자유주의는 앞으로 그 의미가 더욱 중요해질 것이다. 미래 역량의 핵심으로 여겨지는 창의성과 융복합 역량, 커뮤니케이션 능력 등은 시민 개개인의 자율성과 개별성이 바탕이 되어야 하기 때문이다.

사회적 자유주의는 언론·출판·집회·결사의 자유로 대표되는 표현의 자유와 시민 개인의 개성이 존중받는 다양성과 다문화의 가치, 위계질서가 엄격하지 않은 수평적 관계, 이를 보장하려는 정부의 노력과 제도적 장치 등을 의미한다. 사회적 자유주의가 보편화된 민주주의 사회에선 개인의 자유를 구속할 수 있는 그 어떠한 법률과 정책도 존재해선 안 된다. 물론 타인의 자유와 공공의 복리를 침해하는 경우는 예외다. 하지만 소수의 의견이라도 무시당해선 안 되며 여론을 무기 삼아 어느 한쪽의 생각을 강제해서도 안 된다. 오직 자유로운 토론과 수평적인 커뮤니케이션을 통해 모든 일이 결정되고 진행되어야 한다.

정치적 자유주의는 위와 같은 사회·문화적 가치가 정치체제로 제도화되어 나타나는 것을 의미한다. 민주주의의 주된 의사결정 시스템은 다수결이지만, 때론 다수의 횡포로 흐르기 쉽다. 이재명 민주당이 이를 여실히 보여주고 있다. 그러므로 정치적 자유주의는 소수자 보호를 위한 여러 장치, 삼권분립이나 감사원·검찰과 같은 독립성 있는 기관의 존재를 제도화했다. 아울러 정치인이 사용할 수 있는 권력의 한계를 명시한 법치주의도 정치적 자유주의의 연장선에 있다.

이 같은 논의를 진행하기 위해 나는 이 책에서 국가주의와 권위주의 정치세력을 구분해 썼다. 국가주의는 민주화 이전, 국민이 직접 투표를 하지 못했던 시절의 독재정권이 통치 이념으로 삼았던 이데올로기다. 이때까지는 '국가주의 vs 민주화'의 구도가 분명했다. 대통령조차 제 손으로 뽑을 수 없던, 국민주권이 제대로 실현되고 있지 못한 시대였기 때문에 오늘날과 같은 잣대로 그 당시 정치 지형을 보수와 진보의 구도로 논할 수는 없다. 그래야만 현재의 보수가 군사독재정권의 후예라는 비판에서 자유로울 수 있다.

반면 권위주의 세력은 1987년부터 최초의 문민정부가 탄생한 1993년 이후 형성된 정치 세력을 뜻한다. 이들은 제도로서 민주주의가 정착된 이후, 과거의 민주화 세력과 국가주의 세력이 합쳐져 탄생했고 지금까지 보수 정당으로 불려왔다.[1] 그러나 실제로 이들은 민주화된 사회에서도 여전히 국가주의 세력이 주로 사용했던 반공 이데올로기를 국시(國是)로

---

[1] 1990년 1월 22일 집권 여당인 민주정의당과 제2야당인 통일민주당, 제3야당인 신민주공화당이 합당했다. 민주화 운동의 리더인 김영삼이 군부세력인 노태우, 김종필과 힘을 합치면서 오늘날 보수 정치세력의 모태가 됐다. 김대중이 이끌던 평화민주당은 졸지에 여대야소 국면을 맞이했지만, 향후 김대중은 오늘날 진보 세력의 갓파더(godfather)가 됐다. 민주화 어젠다를 지금의 진보 세력이 독식하게 된 사건이기도 하다.

삼았다. 겉으로는 자유민주주의를 외치면서 내면은 국가주의적 마인드로 꽉 차 있어서 오히려 민주주의 발전을 가로막는다. 윤석열과 그 지지 세력이 대표적이다.

아울러 특별한 의미가 있지 않은 한 직책은 생략했다. '이재명 대통령', '윤석열 전 대통령' 대신 '이재명', '윤석열'로 썼다. 매번 직책을 풀어쓰면 오히려 글 읽는 흐름을 방해할 수 있다는 판단에서다. 다만 문맥상 꼭 필요한 경우에는 직책을 풀어 쓴 경우도 있으니, 이름만 나왔다고 해서 해당 정치인의 지지자들께선 혹시 불경하다는 생각을 갖지 않길 부탁드린다.

마지막으로 분명히 밝혀두건대, 나는 보수주의자다. 2021년에 쓴 책 《정의라는 위선, 진보라는 편견》(나남출판사)에선 문재인 정부와 86정치인들을 거세게 비판했다. 출간 직후 국민의힘 의원들의 요청으로 강연과 간담회 등을 했다. 문재인 정권과 맞서 싸우던 상황에서 많은 이들이 환호했다. 진보정권의 민낯을 드러내고, 이들을 비판하는 데에 필요한 이론적 근거를 제공했기 때문이다.

그러나 이 책이 출간되면 국민의힘을 망친 주류 기득권과 극우세력의 거센 반발이 예상된다. 그들은 '조중동'마저 보수언론이 아니라고 말할 정도이니, 어떤 반응을 보일지 뻔하다. 그래서 말한다. 나는 보수에 큰 애정을 갖고 그 대안을 제시하기 위해 이 책을 썼다. 어떻게 하면 무너져 버린 보수를 다시 되살릴 수 있을까 하는 애끓는 마음으로 펜을 들었다. 합리적 논거와 사실로써 논증하는 건전한 비판은 언제든지 환영하지만 '억까'는 사양하겠다.

프롤로그

보수가
망한 이유

14세기 후반 고려에도 보수와 진보로 불리는 정치세력의 논쟁이 있었다. 물론 그때와 지금의 기준은 전혀 다르지만 어느 시대나 보수와 진보는 존재했다. 보수의 편에는 원나라를 등에 업고 권력과 부를 독차지한 권문세족이, 진보의 편에선 성리학 이념을 바탕으로 새로운 세상을 꿈꾸는 신진사대부가 치열한 대결을 벌였다.

당시 권문세족[2]은 과거(科擧)가 아닌 음서(蔭敍)로 벼슬을 대물림하고,

---

2 《고려사》에 나오는 '입추지지'라는 표현이 이를 잘 설명한다. 권문세족이 땅을 독점해 일반 백성은 송곳 하나 꽂을 땅이 없었다고 한다. 권문세족은 또 음서제를 통해 과거를 치르지 않고 자녀들에게 관직을 되물림했다. 보수가 지켜야 할 가치를 잃어버리고 타락하면 새로운 세력에 의해 무너지고 만다.

백성들의 토지를 빼앗아 거대한 부를 축적했다. 이들은 권력과 부, 명예를 모두 손아귀에 넣었다. 1492년 조선 문종 때 편찬된 《고려사》는 권문세족을 아래와 같이 '도둑'으로 묘사했다.

"간악한 도둑들이 백성들의 땅을 빼앗는 경우가 많았다. 그 규모는 한 주(州)보다 크기도 하고 산과 강을 경계로 삼았다. 남의 땅을 조상에게서 물려받은 땅이라고 우기며 주인을 내쫓았다. 빼앗은 땅의 주인이 대여섯 명이 넘기도 해 각자 세금을 걷어가기도 했다."

권문세족이 가진 땅은 워낙 넓어 산과 강을 경계로 구분해야 했다. 같은 땅에 여러 명의 주인이 나타나 세금을 걷어갔다. 제때 내지 못하면 돈을 고리로 꿔주고 갚지 못하면 노비로 만들었다. '송곳 하나 꽂을 땅(立錐之地, 입추지지)'이 없다는 말도 이때 나왔다. 그러나 권세와 부귀가 영원할 것만 같던 권문세족도 진보 세력인 신진사대부의 등장과 함께 맥없이 무너졌다. 견고한 권력의 탑을 쌓기까진 수백 년의 세월이 걸렸지만 무너지는 것은 순식간이었다.

왜 그랬을까. 이유는 간단하다. 지배세력과 피지배세력의 격차가 워낙 컸기 때문이다. 당시 지도층인 권문세족들은 고려라는 체제 아래서 지키고 싶은 것들이 너무 많았다. 수백 년간 촘촘하게 만들어놓은 사회의 온갖 기득권을 포기할 수 없었다. 그런데 이 모든 기득권은 오로지 자신들의 부와 권력을 유지하는 데에 썼다. 하지만 다수의 백성과 새로운 지식인들은 고려라는 체제 아래서 지킬 것이 별로 없었다. '앙시앵 레짐(Ancien Régime, 구제도)'에서 '보수(保守, 보전하여 지킴)'해야 할 가치와 이념이 '송곳'만큼도 존재하지 않았다는 의미다. 그들이 몸담았던 시대의 보수적 가치와 체제는 오직 다수 백성을 속박하고 수탈할 뿐이었다.

결국 500년 역사의 고려는 오래된 기와집처럼 대들보부터 썩어 들어가 한순간에 무너져버렸다. 맹자의 '역성혁명론'을 토대로 한 진보 이념이 이데올로기 전쟁에서 승리한 것이다. 방법론을 두고 최후의 고려인 정몽주와 최초의 조선인 정도전이 갈등을 일으키긴 했지만, 이들이 추구한 지점은 같았다. '민본(民本)'을 기치로 한 새로운 세상의 건설이었다.

국가의 흥망사를 살펴보면 대부분 당대의 집권층이었던 보수 세력이 자멸하면서 한 시대가 저문다. 물론 한 나라가 멸망하는 건 내부의 동인뿐 아니라 외부적 요인까지 함께 작용해서 이뤄진다. 그러나 다수의 경우 그 시작은 집권층의 부패와 타락이다.

고려 이전의 삼국시대도 마찬가지였다. 백제는 귀족들이 향락과 사치에 빠져 백성들이 오히려 새로운 나라를 원했다. 백제가 멸망할 때 나라를 위해 제대로 싸웠던 귀족은 계백 혼자뿐이었다. 백성들은 계백을 진심으로 존경하고 따랐지만, 백제의 왕과 귀족들을 응원하진 않았다. 백성들은 집권층을 증오했고, 백제라는 '앙시앵 레짐'을 스스로 버린 것과 마찬가지였다. 고구려도 맹장 연개소문이 죽은 이후 형제들의 부정부패와 반목으로 내부에서부터 균열이 생겼다. 이와 달리 삼국을 통일한 신라는 집권층의 노블레스 오블리주를 강조하는 '화랑' 정신을 통해 나라를 안정적으로 다스리고, 백성들의 삶에 모범이 되도록 노력했다.

이처럼 오랜 역사를 살펴보면 한 나라의 멸망은 그 시대를 집권했던 보수 세력의 몰락과 함께한다. 핵심 원인은 집권층이 지켜야 할 문화와 체제가 백성들의 그것과 달랐기 때문이다. 즉, 다수가 지키고 싶어 하는 관습과 유산, 전통이 사라졌을 때 보수는 망한다.

최근의 정치 상황을 보고 많은 이들이 두 명의 전직 대통령이 탄핵을 당했기 때문에 보수 정치가 붕괴했다고 말한다. 그런데 이는 맞는 말일까? 두 대통령의 무능과 반헌법적 행위가 보수의 몰락에 큰 영향을 미친 것은 사실이지만, 윤석열의 탄핵 정국에서 빚어진 국민의힘 기득권 정치인들의 행태를 보면 윤석열이 아니었더라도 어차피 망했을 수밖에 없다는 생각이 든다.

왜 그런가. 보수 정치인이 전혀 보수답지 않기 때문이다. 보수 정치인은 자유주의와 공화주의, 법치주의 이념을 목숨처럼 여겨야 한다. 그러나 윤석열의 비상계엄과 이를 수습하는 과정에서 국민의힘 기득권들이 보여준 행태는 자유주의와 법치주의에 정면으로 위배된다. 아울러 보수는 공동체의 안정과 질서를 지켜야 할 책임의식이 큰 집단인데, 이들은 오히려 공동체를 분열시키고 갈등을 조장하기에 바빴다.

달라진 현실도 한몫했다. 보수 정치는 여전히 권위주의에 매몰돼 있다. 현대사회는 변화의 속도가 빠르고 진폭도 크다. 그 탓에 '보수', 즉 지켜야 할 것이 과거에 비해 많지 않다. 인구 구성이 변했고 시민의 인식과 문화도 달라졌다. 또 AI 혁명에 누구보다 관심이 많은 대한민국의 시민들은 더더욱 빠른 변화를 열망한다. 하지만 대다수의 보수 정치인들은 여전히 과거의 프레임에 갇혀 있다. 이들은 진짜 '순수'하게 현실을 직시하지 못하고 단지 시대에 뒤떨어진 정치인일 수도 있고, 어떤 이들은 시민들을 기만하거나 자신의 사리사욕을 채우기 위해 위선을 벌이는 것일 수도 있다. 그러나 결론은 같다. 천천히 데워지는 냄비 속에서 서서히 죽어가는 개구리일 뿐이다.

박근혜 대통령 탄핵 전후로 최근 10여 년간 보수 정당은 스스로 어젠다를 내세워 국민의 심판을 받아본 적이 별로 없다. 주로 진보 정당과 정권의 어젠다에 비판을 가하는 '작용 반작용'의 방식으로 지지자들을 결집해 왔다. 지금은 이마저도 다수 국민의 응원을 받지 못하고 있다. 문제는 바로 이것이다. 보수 정치가 무엇을 해야 할지도 모르고, 설사 무언가 한다 해도 국민이 곱게 봐주지 않는다. 왜 그럴까. 국민의 눈에는 보수 정치가 지키고 싶어 하는 것이 자신들의 기득권밖에 없는 것처럼 보이기 때문이다. 마치 고려

말 권문세족을 대하는 것과 비슷하다.

보수는 좋게 말하면 과거의 전통과 유산을 보존하는 것이지만, 나쁘게 말하면 기득권을 지키는 수구로 들린다. 그런 상황에서 보수가 주장하는 정치·사회·문화적 체제는 국민의 삶을 압박하고 피폐하게 만드는 기득권 유지의 수단으로 보인다. 이런 생각이 사회에 확산되면 권문세족처럼 보수는 몰락한다. 보수가 그저 기득권일 뿐이라면, 보수 정치에는 국민이 함께 지켜나가고 싶은 것이 존재할 수 없다. 자식 세대에 물려주고 싶은 가치와 철학, 이념이 부재한 상황에서 누가 그런 정치 집단을 지지하겠는가. 이를 요즘 말로 하면 국민이 함께 공감할 수 있는 콘텐츠가 없다는 뜻이다.

사실 지금까지 보수 정치인들은 정치·사회·문화 각 분야에서 개발독재 시대부터 만들어온 촘촘한 거미줄에 기대 살았다. 그물처럼 엮인 온갖 기득권을 동원해 쉽게 집권할 수 있었다. 별다른 콘텐츠 없이 진보의 실패로 인한 반사이익만으로도 충분히 재미를 봤다.

아울러 세계 유일의 분단국가라는 한국의 특수한 정치 상황은 아이러니하게도 보수파의 집권을 쉽게 도왔다. 6·25와 국가주의[3] 시대를 겪은 장

---

[3] 이 책에서는 보수 정치와 구분되는 개념으로 국가주의 세력을 따로 정의하고 있다. 즉, 제도적 민주주의가 이뤄지기 전(1987년 직선제 이전)까지 군부를 바탕으로 한 집권세력을 뜻한다. 독재 정권이었기 때문에 제도적 민주주의가 자리 잡은 오늘날의 기준으로 보수와 진보 중 어느 한편으로 틀 짓는 것이 온당치 않기 때문이다.

년층의 두려움과 향수를 교묘히 활용해 구시대적인 유물인 반공주의를 시시때때로 불러냈다. 대통령 선거 같은 커다란 정치 이벤트에서 발휘되는 색깔론의 파괴력은 그 어떤 정책과 이념보다 강력했다.

굳이 보수 정치가 독자적 콘텐츠를 개발하지 않아도 충분히 기득권을 유지할 수 있었다는 이야기다. 그 때문에 지극히 일부의 정치세력을 제외하면, 다수의 보수 정치인들은 사실상 국가주의와 권위주의의 다른 이름이었다고 봐도 무방하다.

6·25 전쟁이 끝나고 1987년 민주항쟁으로 온 국민의 직접선거를 쟁취하기까지 한국 사회는 국가가 사회를 지배하는 '한국적 민주주의', 국가주의 사회였다. 국가의 발전을 위해 시민의 자유는 억압됐고 심지어 민주주의의 기본인 전 국민의 투표권조차 없었다.

물론 김영삼 정부 탄생 이후 외형적으로 국가주의는 사라졌지만, 그 안에 몸담았던 세력들이 '보수 정치'라는 외피를 뒤집어쓰고 한국 정치의 주류를 형성했다. 바로 권위주의 세력이다. 이들은 과거와 똑같은 방식, '반공'이라는 색깔론에 더해 '신자유주의'라는 새로운 무기까지 들고 국가주의 시대에 만들어놓은 사회 각 분야의 기득권적 그물망을 더욱 촘촘히 엮었다. 하지만 이렇게 그들만의 성이 높이 쌓여가는 사이, 보수 정치는 국민의 생활과 보통의 상식에서 점점 멀어져갔다.

보수 정치인은 정말 서민의 삶에 뜨겁게 다가가 본 적이 있는지 묻고 싶다. 폐지를 주워 하루하루를 버텨내야 하는 노인들의 삶은 어떤지, 제아무리 월급을 모아도 변변한 집 한 채 장만하기 어려운 30~40대의 고충은 무엇인지 제대로 귀를 기울이지 않았다. 엄청난 스펙을 자랑하면서도 안정된 일자리를 구하지 못해 불안에 빠진 청년들에게는 훈계 어린 조언이나 감상적 위로만 할 뿐 진심으로 공감하려 노력하지 않았다.

어쩌면 기득권을 가진 보수 정치인의 삶은 일반 국민의 일상과 너무 동떨어져 있었으므로 적나라한 현실을 직시할 기회조차 없었다고 할 수 있다. 앞서 말한 것처럼 정말 순진하게 몰랐던 정치인도 있을 것이다. 만약 알면서도 이를 바꾸려 노력하지 않았다면 후대에 '간악한 도둑'이란 비판을 받을 수밖에 없다.

앞으로 보수 정치에 근본적 변화가 없다면 보수는 영영 집권하지 못할 수도 있다. 한국 사회는 헬조선, 흙수저, 촛불, 탄핵 등으로 이어지는 거대한 변화의 흐름을 겪으며 더 이상 국가주의와 권위주의의 향수에 기댄 보수의 재집권은 구조적으로 불가능해졌다. 이전처럼 진보의 실패에 대한 반사이익을 얻겠다는 생각도, 안보 이데올로기를 자극해 색깔론의 재미를 보겠다는 음흉한 속내도 거둬야 한다. '돈이면 최고', '나도 부자가 될 수 있다'는 물신적 믿음을 부추기는 전략도 더 이상 통하지 않는다. 아울러 이번 선거에서 드러났듯 '올드보이'의 귀환은 자멸만 부추길 뿐이다.

그렇다면 앞으로 보수 정치는 무엇을 해야 하는가. 어떻게 해야 무너진 보수를 다시 세우고 국민의 지지를 받을 수 있을까. 그 시작은 '기본으로 돌아가는 것(Back to the basic)'이다. 그렇게 하기 위해선 먼저 보수의 본질부터 고민해야 한다.

원래 '보수'란 말의 뜻은 어떤 가치나 이념, 문화 등을 지킨다는 의미다. 특정 이념과 철학이라기보다는 어떤 사안을 바라보는 태도와 성향이다. 즉, 스스로 보수라고 생각하는 사람들의 지향점과 가치, 정책을 등을 담는 그릇이 보수다. 그러므로 보수라는 말 자체에는 시대를 뛰어넘는 고정불변의 콘텐츠가 있지 않다.

보수와 진보의 구분이 처음 만들어진 영국에선 보수주의자들이 절대왕권에 맞서 싸워 시민의 자유를 쟁취하고, 공화정을 수립했으며 오늘날과 같은 대의민주주의를 발전시켰다. 하지만 한국에선 민주화가 진보의 전유물로 여겨진다. 보수가 이념 전쟁에서 제일 먼저 패배한 이유다.

진보도 시대마다 그릇에 담기는 내용물이 달라진다. 미국 남북전쟁 때 노예 해방을 주장한 것은 링컨(Abraham Lincoln)이 이끄는 공화당이었다. 반대로 당시 민주당의 정치인들이 노예제를 찬성했다고 해서 지금도 그들이 노예제를 지지한다고 믿는 사람은 없다. 시대가 달라지면 보수와 진보의 내용도 변하기 마련이다.

동시대를 살더라도 나라와 문화마다 보수와 진보의 내용이 같지 않다. 유럽의 진보정당인 프랑스의 사회당(Parti Socialiste), 영국의 노동당(Labour Party), 독일의 사회민주당(Sozialdemokratische Partei Deutschlands) 등이 한국의 더불어민주당을 진보라고 생각할까. 유럽의 좌파 정치인과 지식인이 한국의 현실을 마주한다면, 더불어민주당은 오히려 국민의힘과 함께 보수 정당의 범주로 분류될 가능성이 크다.

이처럼 보수와 진보는 상대적 개념이고, 그 내용 또한 언제나 변한다. 2000년대 초까지만 해도 '신자유주의(정부의 시장 개입을 최소화하는 등 경제적 관점에서 자유를 강조하는 보수 정치의 흐름)'에 영향을 받은 한국의 보수파들은 '큰 정부', '작은 정부' 등으로 진보와 자신을 구분했다. 그러나 이제 어느 정도의 '큰 정부'는 보수·진보를 떠난 모두의 어젠다이다. 더 이상 복지정책의 강도를 놓고 보수냐 진보냐 따지는 것은 무용하다.

결국 보수는 보수대로, 진보는 진보대로 자신의 정체성에 맞는 새로운 콘텐츠를 만들어야 한다. 특히 보수는 자신의 실체부터 냉정하게 깨달아야 한다. 그동안 보수 정치의 그릇에 담겨 있던 것은 반공 시대의 국가주의와 권위주의, 신자유주의 이념의 자본 논리뿐이었다는 것을 말이다.

앞으로 보수가 해야 할 것은 그릇에 담긴 썩은 내용물을 깨끗이 비우고 새로운 양질의 콘텐츠를 찾는 일이다. 그 과정은 매우 고통스럽고 힘든 여

정일 수 있다. 지금까지의 보수가 사실은 권위주의·국가주의의 유산이었다는 근본적인 자기부정을 하지 않을 수 없기 때문이다. 하지만 새로운 시대는 구체제에 대한 '창조적 파괴'에서 시작되는 것처럼 새로운 보수는 과거의 보수를 절연하고 넘어서는 것부터 시작해야 한다.

물론 한국의 산업화 과정에서 국가주의 세력이 이룩한 공로를 무시할 수는 없다. 이들은 가장 못 살던 나라 중 하나였던 대한민국을 세계 10위권의 경제대국으로 성장시키는 데 큰 역할을 했다. 물론 근면 성실하고 창의적이며 도전적인 국민정신이 뒷받침됐기에 가능한 일이었지만, 국가 경제를 설계하고 추진력 있게 개발을 진두지휘한 국가주의 엘리트를 부정해서는 안 된다. 그들의 공은 공대로 치하할 일이다. 그러나 과에 대해선 냉철하게 비판해야 한다. 그래야 앞으로 나아갈 수 있다.

이 책에선 보수를 민주화 시대 이후로 형성된 사상과 이념, 문화 등으로 한정해 다루고자 한다. 앞서 살펴본 것처럼 고려와 조선에도 보수와 진보는 있었지만, 왕정 시대였던 그때와 지금의 보수·진보는 매우 다르다. 민주화 이전의 국가주의 시대도 마찬가지다. 그때는 '국가주의(독재) vs 민주주의'의 시대였다는 점에서 민주 사회의 '보수 vs 진보' 구도와는 맞지 않는다. 오히려 유신헌법 이후의 1970년대는 왕권에 맞서 자유를 얻기 위해 투쟁했던 부르주아 시대와 가깝다.

이 같은 논리를 따르면 자연스럽게 민주화 이전과 이후의 집권 세력도 구분된다. 민주화 이전의 집권층은 국가주의 세력으로 규정해 흔히 우리가 말하는 지금의 보수, 즉 권위주의 세력과 구분해 살펴보고자 한다. 권위주의 세력은 민주화 시대에 보수의 외피를 뒤집어쓰고 사실상 국가주의 이데올로기로 정치를 해온 집단이다. 대표적으로 윤석열과 그를 따르던 무리를 떠올리면 된다.

이런 개념 정의를 토대로 새로운 보수가 넘어야 할 구태들은 무엇인지 차례로 살펴볼 것이다. 미리 말해두건대, 이 책이 비판하고자 하는 대상은 1980년대 이전까지 산업화의 역군이었던 국가주의 세력에 대한 것이 아니다. 민주화 이후 보수라는 외피를 쓰고 사실상 국가주의 이데올로기에 기대 정치를 해온 현재의 권위주의 정치인들에 대한 비판이다.

이 책에서 국가주의 정치세력과 권위주의 정치세력을 구분하고, 각 개념에 대한 조작적 정의를 새롭게 하는 이유는 그래야만 새로운 보수의 개념을 만들어낼 수 있기 때문이다. 이제 이승만·박정희는 국민 공통의 기억으로 남겨두자. 이승만의 자유진영 편입, 박정희의 산업화는 자랑스러운 대한민국의 역사다. 그러나 당시의 모든 정치적 유산을 지금의 보수 정치가 끌어안으려 해서는 안 된다. 우리는 과거와 절연하고 새롭게 나아가야 한다.

이를 위해선 새로운 보수를 만들기 위한 조건을 따져볼 것이다. 보수 개혁은 지금 발을 딛고 서 있는 보수의 한가운데에서부터 시작해야 한다. 그래야 과거에 대한 책임이 생기고 성찰을 통해 미래로 나아갈 수 있다. 즉, 새로운 것을 만들어내는 진보의 개혁 방식과 달리 보수의 '파괴적 창조'는 과거의 폐허 위에서 시작해야만 한다는 이야기다.

설령 보수 정당 내부에 지켜야 할 이념과 가치, 콘텐츠가 없다 하더라도, 보수 정치를 지지하는 세력과 국민은 함께 이끌고 가야 한다. 그러기 위해서라도 기존의 보수 정당을 버리고 새로운 정당을 창당하는 일은 실패로 끝날 확률이 높다. 그런 점에서 세계에서 가장 오래된 정당이, 변화의 변화를 거듭하며 지금까지 살아남은 영국의 '보수당'이라는 점을 벤치마킹할 필요가 있다.

요컨대 보수의 개혁은 기존의 보수 정당 안에서 진지를 구축하고 세력을 넓혀 가는 방식을 취해야 한다. 어느 한순간 판을 뒤집어 새로운 무언가를 만들어내는 건 진보의 개혁 방식이다. 보수는 보수에 맞는 점진적 개선을 해야 한다. 보수의 그릇을 채울 새로운 이념과 가치로 끊임없이 지지자들을 설득하고, 치열한 내부 토론을 통해 구시대 정치인들은 스스로 퇴장하도록 해야 한다.

그렇다면, 새로운 시대의 창조적 보수는 자신의 그릇 안에 무엇을 담아야 하는가. 지금 한국의 보수는 멀고 먼 길을 돌아 다시 출발선 앞에 섰다.

그렇기에 보수는 이제라도 보수의 근본이 무엇인지부터 스스로에게 되물어야 한다. 보수주의의 본질이 무엇인지 말이다.

나는 그 해답을 진짜 자유주의를 실천하는 것이라고 생각한다. 경제적인 자유뿐 아니라 정치·사회적 자유, 문화적이고 일상적인 삶에서의 자유까지 모두를 포함한 자유주의 말이다. 지금까지 한국의 보수는 자유주의를 말할 때 경제적 관점, 즉 시장의 입장에서만 자유를 강조했다. 또 국가주의·권위주의 세력들은 '자유민주주의'를 그저 '사회주의 빨갱이'에 대비되는 개념으로만 사용해 왔다. 나는 이 책을 통해 한국에서 자유주의가 왜 망가졌는지, 특히 한국의 보수는 왜 경제적 자유에만 후하고 정치·사회적 자유에는 인색한지도 따져볼 것이다.

비록 한국의 보수 정치에서 자유주의의 토양이 일천하다 할지라도 자유주의는 보수의 핵심 가치다. 왜 그런가. 근대 정치의 역사는 시민의 자유를 확대하는 과정이었고, 그런 정신이 살아 움직이는 정치체제로 민주주의(민주정)[4]를 택했다. 그리고 민주주의를 확대하는 과정에서 절대 권력인 군주로

---

[4] 엄밀히 말해 우리가 평소에 쓰는 민주주의는 '민주정(democracy)'이라고 표현해야 옳다. '~주의'는 보통 이념을 뜻하기 때문에 영어로 번역하면 '~ism'으로 끝난다. 정확히 말해 대한민국의 정치체제는 자유주의·공화주의를 핵심 이념으로 선택한 민주정으로 봐야 옳다.(arete)을 잘 실현하는 것이라고 말한다. 자기의 본질을 깨닫고 자신에게 주어진 역할, 그리고 본인이 진정 원하는 것을 찾아 실현하는 것이다. 그 유명한 도토리와 참나무의 비유가 같은 맥락이다. 도토리는 참나무가 되려는 가능성을 가지고 있지만 아직 참나무는 아니다. 참나무는 도토리가 자기의 목적을 실현한 상태다. 즉 세상에 존재하는 만물은, 특히 인간은 가능에서 실현으로 나아가는 고귀한 목표를 지니고 이를 자아실현이라 부른다. 다시 말해 행복은 자신에게 주어진 덕을 잘 살려 살아가는 것을 의미한다. 도토리가 참나무로 되듯, 자아실현을 이루는 것이 행복의 궁극적 목표다.

부터 자유를 쟁취하는 최전방에는 보수주의자들이 있었다.

따라서 보수주의 본질을 찾아 올라가다 보면 우리는 필연적으로 시민의 자유는 무엇인가 하는 물음 앞에 서게 된다. 앞으로 한국의 보수가 새롭게 출발해야 할 지점도 이곳이다. 자유에 대한 본질적 고민 없이 새로운 보수는 탄생할 수 없다. 그런 의미에서 '리:라이트(Re-Right, Liberal-Right)'를 통한 창조적 보수의 재건 운동을 제안한다.

이 책을 읽는 새로운 보수주의자들이라면 '보수는 그릇일 뿐, 그 내용물은 달라지기 마련'이라는 전제에 동의할 것이라고 믿는다. 이런 관점으로 보면 한국에선 다소 진보의 전유물인 것처럼 여겨졌던 가치들, 사상과 표현의 자유에 대해서도 전향적인 태도를 취할 수 있다. 시장과 사유재산에 적용되는 자유가 따로 있고, 내 생각과 의견이 존중받아야 하는 자유가 따로 있는 게 아니기 때문이다.

끝으로 새 시대의 창조적 보수는 마음가짐도 달라야 한다. 자유가 보수라는 식탁에 올라오는 쌀밥과 같은 것이라면, 함께 곁들이는 반찬은 끼니마다 조금씩 다를 수 있다. 즉, 자유주의를 근간으로 하되 시대의 변화에 맞게 새로운 이념과 가치를 보수의 식탁에 올려야 한다는 이야기다. 보수는 과거의 것을 그대로 '수구(守舊)'하는 게 아니라 점진적으로 개선하고 변화시키는 것이다. 다만 방향이 좀 더 오른쪽으로 틀어져 있고, 속도에 있어 진보보다 안정적일 뿐이다.

하지만 지금의 사회는 과거의 그 어느 때보다 변화의 속도가 빠르고 진폭이 크다. 결국 보수도 현대사회의 변화 속도에 맞추려면 좀 더 빨리 움직여야 한다. 과거엔 시속 20km의 속도로 차를 운행했다면 이젠 시속 40km로 달려야 한다. 그래야 시속 80km 이상인 진보를 견제하며 우리 사회 전체를 시속 60km의 안전 속도로 유지할 수 있다.

구소련의 붕괴 후 독립한 체코의 초대 대통령 바츨라프 하벨(Václav Havel)은 정치를 '불가능의 예술'이라고 했다. 흔히 정치인들은 "정치의 이상과 현실은 다르다"며 소신과 철학을 굽힌 자신의 행동을 합리화한다. 하지만 하벨은 "정치는 현실적 계산만 따르는 게 아니라 그 한계를 뛰어넘는 '불가능의 예술'이다. 현실의 모순을 '초월'하는 것이 정치의 본질이다"라고 말했다.

정치인들은 권력자의 힘과 유권자의 표 앞에서 계파와 지역의 볼모가 될 수밖에 없는 상황을 핑계로 대지만 이런 불가능한 구조를 뛰어넘어야 진짜 정치다. '현실'이란 이름 뒤에 숨어 문제를 개선하지 않고 잘못된 구조를 깨뜨리지 않는 것은 정치인으로서 책임을 다하지 않는 것이다. 만일 보수 정치인들이 지금의 '앙시앵 레짐'을 깰 용기가 없다면 그들은 국민의 대표로서 자격이 없다.

| 일러두기 |

1. 이 책은 2018년에 출간된 도서 《리라이트》의 연장선에서, 내용을 새롭게 추가하고 현 실정에 맞게 다듬어 출간되었습니다.
2. 단행본·논문·잡지 제목은 겹화살괄호(《 》)로, 단편·선언문·영화·웹툰·TV프로그램 제목은 홑화살괄호(〈 〉)로 표기했습니다.

차례

머리말   도둑맞은 권력, 창조적 보수의 길 4
프롤로그 보수가 망한 이유 14

1장 | 국가와 정치란 무엇인가

1. 국가란 무엇인가 36
2. 국민주권과 법치주의 42
3. 마르크스의 착취하는 국가 48
4. 보수와 진보는 성향 차이 53

2장 | 보수의 기원과 실체

1. 쓸데없는 '건국절' 논쟁 64
2. 한국 보수의 뿌리는 69
3. 보수 정치의 실체 76
4. 대중문화의 보수 담론 81

3장
진보의 위선과 편견

1. 진보 정치인들의 위선 … 94
2. 기득권이 된 86정치인들 … 101
3. 운동권의 유교적 DNA … 106
4. 말로는 진보, 행동은 기득권 … 110

4장
한국 정치의 문제

1. 진영 논리와 반지성주의 … 118
2. 권위주의에 빠진 꼰대 … 122
3. 전문가의 함정 … 129
4. 요란한 빈 수레 … 135

5장
자유 민주주의에 대한 오해

1. 자유세계와 자유주의 … 142
2. '자유'를 무시하는 자유주의자들 … 147
3. 자유주의 없는 민주화 … 155
4. '신자유주의'의 허상 … 158

6장
진짜 보수주의란

1. 진짜 보수의 흐름 '영국' … 166
2. 진짜 보수의 흐름 '미국' … 170
3. 미국의 보수와 진보 … 174
4. 보수의 본질은 자유(liberty) … 178

7장
진짜 자유주의란

1. 보수주의자 존 스튜어트 밀 … 186
2. 밀의 방법론 … 192
3. 자유의 다른 이름 법치 … 196
4. 외설도 용인한 자유주의 … 201
5. 자유를 논하는 원칙 … 206

8장
창조적 보수를 위한 리라이트

1. AI혁명과 사회적 자유주의 … 214
2. 자유에서 파생되는 가치 … 219
3. 교육은 리라이트의 미래 … 225
4. 자유시민 양성 … 232
5. 민주주의 역량 … 237
6. 공정한 룰과 보수의 책임 … 244
7. 프레임 전쟁에서 승리하려면 … 252

에필로그 258
맺음말 276

1장

국가와 정치란 무엇인가

1 / 국가란 무엇인가

정치에 대한 본질적 고민은 2400년 전 아리스토텔레스가 쓴《정치학》에서 출발한다. '인간은 정치적 동물'이라는 그의 말처럼 모든 사람은 타인과 관계를 맺고 살아간다.5 즉, 나 혼자선 '나'라는 존재가 성립할 수 없다. 사람은 타자에 견주어 자아를 발견하며, 그 관계 속에서 삶의 의미를 찾고 자

---

5 아리스토텔레스는 모든 인간이 좋은 것을 추구하는데, 최정상에는 행복이 있다고 했다. 특히《니코마스 윤리학》에서 '어떻게 사는 게 좋은 삶이냐'는 질문에 주저 없이 '행복하게 사는 것'이라고 말했다. 이 때문에 아리스토텔레스의 별칭은 '행복의 철학자'다. 이데아에 천착했던 스승 플라톤과 달리 아리스토텔레스는 현실 세계의 인간을 이해하려던 철학자였다. 플라톤은 인간이 존재하는 삶 너머의 세상을 바라봤다. 그러나 아리스토텔레스는 부족하고 나약하지만, 그래도 땅에 발을 딛고 사는 인간들을 위해 고민하고 생각했다. 라파엘로가 그린 그림〈아테나 학당〉을 보면 그림 정 가운데에 하늘을 가리키는 플라톤과 달리 그 옆의 아리스토텔레스는 손바닥을 아래로 향하고 있다. 형이상학의 세계가 아닌, 현실의 세계를 고민하는 철학자였다는 점을 묘사하고 있다. 즉, 아리스토텔레스가 철학하는 가장 근본적 이유는 인간의 삶을 이롭게 하는 것, '행복'을 추구하는 것이다. 그렇다면 그가 생각한 행복은 무엇일까. 아리스토텔레스는 행복을 자신의 덕(arete)을 잘 실현하는 것이라고 말한다. 자기의 본질을 깨닫고 자신에게 주어진 역할, 그리고 본인이 진정 원하는 것을 찾아 실현하는 것이다. 그 유명한 도토리와 참나무의 비유가 같은 맥락이다. 도토리는 참나무가 되려는 가능성을 가지고 있지만 아직 참나무는 아니다. 참나무는 도토리가 자기의 목적을 실현한 상태다. 즉 세상에 존재하는 만물은, 특히 인간은 가능에서 실현으로 나아가는 고귀한 목표를 지니고 이를 자아실현이라 부른다. 다시 말해 행복은 자신에게 주어진 덕을 잘 살려 살아가는 것을 의미한다. 도토리가 참나무로 되듯, 자아실현을 이루는 것이 행복의 궁극적 목표다.

아실현을 한다. 쉽게 말해 인간은 혼자서 살 수 없다는 이야기다.

가정에서 시작해 혈족 단위의 공동체를 이루고, 나아가 하나의 마을을 형성한다. 마을이 더 커지면 지역사회가 되고, 마지막엔 하나의 독립국가가 된다.[6] 이런 환경 속에서 사람은 정치체제라는 것을 만들어 공동체가 지켜야 할 규율과 기준을 제시한다. 궁극적으로 국가는 인간의 복리를 높이기 위한 '선의'의 목적[7]을 갖는다는 것이 아리스토텔레스 정치철학의 핵심이다. 여기서 국가의 목적은 개인의 그것보다 우위에 있다. 왜냐하면 국가가 지닌 선의의 목표는 한 개인에게만 이득이 되는 게 아니라 다수의 사람에게 이로움을 주기 때문이다.

결국 정치는 공동체가 살아가는 데에 필요한 최소한의 기준을 만들고 이를 실현하면서 공공의 복리를 높여가는 행위다. 현대식으로 표현하면 국민의 권리와 자유를 보장하고 외부의 침입과 내부의 혼란 같은 갈등과 범죄 행위로부터 국민을 보호하며, 공동체와 각 개인이 행복하게 살 수 있도록 이끌어가는 것이 정치다.

---

6 사회와 국가는 자연 상태에서부터 저절로 존재한 게 아니다. 대략 6~7만 년 전 인지혁명 이후 인간에게 추상할 수 있는 능력이 생겨나고, 농경 생활을 시작하며 본격적으로 사회라는 개념이 탄생했다. 부족에서 무리, 마을 등 공동체를 거쳐 국가라는 개념이 생겼다. 눈에 보이지 않고 손에 잡히지 않는 형이상학적 무언가를 발명하고 함께 공유하는 것이 다른 동물과 구별되는 인간의 특징이다.
7 국가의 행위가 개인의 행위에 우선한다는 명제는 여기서 나온다. 국가는 선의의 목적을 갖고 움직이므로 어느 한 개인의 이익보다 중요하다. 사회 전체의 이익을 위해서라면 개인의 이익은 희생될 수 있다고 본다.

그 과정에선 필연적으로 공동체 내의 조직과 집단, 개인 간의 의견 차이나 이해 충돌이 생긴다. 이를 합리적으로 조정하고 한정된 자원을 합리적으로 배분하는 역할도 정치의 몫이다. 정치학자 데이비드 이스턴(David Easton)은 정치를 "사회적 가치를 권위적으로 배분하는 행위"라고 정의했다.[8] 이때 시민 각자의 행복은 공동체라는 테두리 안에서만 가능하므로, 국가 권력은 개인의 권리에 우선한다.[9]

그렇다면 이 역할을 누가 어떻게 할 것인가 하는 문제가 남는다. 이는 곧 정치체제의 문제로, 우리가 어떤 시스템을 취하느냐에 따라 국가와 정부의 형태, 원리 등이 달라진다. 보수와 진보가 무엇인지 알기 위해선 필연적으로 국가와 정부 형태에 대한 토론이 필요하다. 국가가 어떻게 생겨났고, 정부는 어떤 역할을 해야 하는지에 따라 보수와 진보의 입장이 갈리기 때문이다.

오늘날 국가가 생겨난 이유가 무엇이냐는 질문의 대답은 대개 하나의 이론으로 수렴한다. 바로 사회계약론이다. 자연 상태에 뿔뿔이 흩어져 있던 개인들이 자신의 권리를 보장받기 위해 사회적 계약을 맺어 국가를 만들고

---

8 미국 시카고대 교수였던 데이비드 이스턴은 《정치란 무엇인가》에서 정치를 "authoritative allocation of values for the society"라고 정의했다. 여기서 가장 중요한 단어는 'authoritative'다. '권위적'이라는 뜻으로 해석되지만 본질적 의미는 '정당성'에 가깝다. 이스턴은 1970년대까지 정치적 행태주의를 이끌었다. 미국 시카고대 교수로 미국정치학회장을 지냈으며, 정치체제를 국내외적 요구와 국민의 지지라는 투입을 통해 정부의 성패가 산출되는 구조로 설명하는 체제이론을 정립했다. 정치를 투입·전환·산출·환류의 과정으로 도식화했다.
9 국가와 정치의 역할을 정립한 아리스토텔레스의 목적론은 스승인 플라톤의 이데아론처럼 계몽시대 이전까지 서양철학을 지배하는 중요한 이데올로기였다. 영국의 수학자이자 철학가 버트런드 러셀(Bertrand Russell)은 《서양철학사》에서 "아리스토텔레스는 교회만큼이나 무소불위의 지위를 누려 철학의 진보를 가로막는 심각한 장애물이었다, 17세기 이후 지성사에 획을 그은 많은 사상이 그의 학설을 공격하며 시작됐다"고 평가했다.

그 권한을 위임했다는 이론이다. 이는 앞서 살펴본 아리스토텔레스의 국가관과는 맥락이 조금 다르다. 아리스토텔레스는 국가의 존재 이유가 '선의' 목적을 추구하는 데 있다고 했다. 보통 이런 입장을 '목적론적 국가관'[10]이라 부른다.

반면 사회계약론자들은 국가에 그런 의미심장한 목적 따위는 없다고 말한다. 국가는 개인의 재산과 권리, 자유를 지키기 위해 불가피하게 만들어진 일종의 '필요악'이다. 이는 목적론적 국가관과 대비해 '발생론적 국가관'[11]이라 부를 수 있다. 개인이 삶을 사는 과정에서 우연히 생겨난 형식적인 껍데기라고 보는 관점이다.

대표적인 사람이 홉스(Thomas Hobbes)다. 1651년 그가 쓴 《리바이어던》[12]은 국가를 사회계약의 관점에서 본 최초의 이론서다. 그의 사상은 명쾌하다. 국가는 전쟁과 같은 외부의 침략과 위협, 내부에서 벌어지는 범죄와 무질서, 혼란 등을 막기 위해 사람들의 계약을 통해 만들어졌다고 설명한다. 국가는 개인의 생명과 자유, 권리를 보호하기 위해 합법적 폭력을 행사할 수

---

10 국가의 존재 이유는 고유의 목적이 있기 때문이라는 이론이다. 마치 인간이 자신의 덕성을 잘 구현하는 것이 행복이라던 자아실현의 논리와 비슷하다. 아리스토텔레스는 국가가 개인의 행복과 복리를 증진하기 위해 존재한다고 믿었다. 국가를 지배계급의 착취 도구로 본 마르크스의 유물사관도 목적론적 국가관의 일종이다.
11 사회계약론자들이 생각하는 발생론적 국가관에서는 목적론적 국가관이 국가에 인격을 부여하는 것을 위험한 일이라고 본다. 권력의 주체는 시민이며, 국가는 그저 필요악이라고 보기 때문이다. 당연히 발생론적 국가관에서는 정치의 핵심 사명이 국가의 권한을 견제하는 데 있다. 로크 등 사회계약론자들이 대표적이다.
12 홉스가 말한 리바이어던은 전설 속의 괴물이다. 국가는 그만큼 강력한 힘을 지닌다는 뜻이다. 다만 홉스가 살던 시대의 국가는 절대왕정기였다. 그러므로 로크와 루소 등 후대 사회계약론자들과 달리 홉스는 강력한 국가의 권력, 이를 대리하는 왕의 역할을 옹호했다.

있는 '세속의 신'이라는 주장이다.

그런데 홉스의 이론 중 현대적 의미로 해석했을 때 문제가 되는 부분이 바로 '세속의 신'이란 지점이다. 개인은 '신약'을 맺어 국가를 만들었고, 국가는 신성한 권력을 휘두르는 주체이기 때문에 개인은 국가에 절대복종해야 한다. 인간이 만들었다고는 하지만, 국가는 만들어진 순간부터 인간을 떠난 존재다. 국가는 그 스스로 이미 '인격'을 가진 존재이기에 국익은 언제나 개인의 이익보다 최상위에 존재한다.

사실 홉스가 이런 주장을 할 수 있던 배경은 그가 살던 시절이 절대왕권 국가였기 때문이다. 홉스가 왕성하게 활동했던 시대는 조선으로 치면 임진왜란이 끝나고 불과 몇십 년 정도가 지난 시대다. 그가 경험했던 국가 체제는 왕정뿐이었고, 그곳의 통치자는 절대군주였다. 그러므로 그의 국가론은 오늘날과 같은 현대 민주주의를 전제로 한 게 아니라 입헌군주제를 옹호하는 논리에 적합했다.

홉스의 국가론은 수백 년이 지난 지금도 설득력을 지닌다. 몇 년 전 코로나19 상황을 보면, 국가의 대응 방식에 따라 나라마다 혼란의 강도가 달랐다. 국가가 제 역할을 하지 못해 내전과 기아 등 국민이 큰 고통을 겪은 나라도 많다. 이는 국가마다 역량이 달랐기 때문이다. 훌륭한 방역체계, 반란군을 진압할 공권력 등 여러 요소가 합쳐져 우수한 국가를 만든다.

2024년 12월까지 14년간 계속된 시리아 내전 상황을 보자. 정부군과 반란군이 전쟁을 벌여 수백만의 시민들이 목숨을 잃거나 난민이 됐다. 또 시리아에서는 미국과 러시아 등 강대국들이 서로 반대 진영에 서서 시리아를 체스판으로 놓고 엄청난 인명의 피해를 볼모로 한 도박을 벌였다.

　왜 이런 일이 생겼을까. 홉스가 말했던 것과 같은 합법적이고 정당한 폭력인 국가의 물리력이 반군을 제압할 만큼 크지 않았기 때문이다. 35년의 일제강점과 한국전쟁도 마찬가지다. 일제의 식민통치 시기 대한제국은 국가와 그에 속한 국민을 보호할 물리력을 갖고 있지 못했다. 그 때문에 다른 나라의 침략에 쉽게 무너졌고, 우리 선조들은 수십 년 동안 식민지의 노예처럼 온갖 고통과 수탈을 당해야 했다. 6.25전쟁 때도 우리가 스스로 지킬 힘이 없었다면, 일찌감치 한반도 전체가 공산화됐을 수 있다. 그만큼 국가의 물리력이란 중요한 요소다. 이처럼 홉스가 말한 국가는 인간이 만들었지만, 인간의 손을 떠나간 '세속의 신'이다.

2 / 국민주권과 법치주의

홉스의 《리바이어던》이 국가의 탄생 이유를 설명했다면 로크(John Locke)는 국가 권력의 주체가 누구인지를 명확히 했다. 1689년 로크가 쓴 《통치론》은 국가 권력의 주체를 국민으로 설정했다는 점이 홉스와 본질적으로 다르다. 로크의 국민주권론[13]은 오늘날 민주주의를 정치체제로 하는 대다수의 나라에서 헌법의 기본 이념으로 삼고 있다.

---

13 사회계약론자들이 생각하는 발생론적 국가관에서는 목적론적 국가관이 국가에 인격을 부여하는 것을 위험한 일이라고 본다. 권력의 주체는 시민이며, 국가는 그저 필요악이라고 보기 때문이다. 당연히 발생론적 국가관에서는 정치의 핵심 사명이 국가의 권한을 견제하는 데 있다. 로크 등 사회계약론자들이 대표적이다.

우리 헌법의 1조 1항은 '대한민국은 민주공화국이다'이며, 1조 2항은 '대한민국의 주권은 국민에게 있고, 모든 권력은 국민으로부터 나온다'이다. 그 때문에 제아무리 합법적 폭력을 행사할 수 있는 국가도 주권자인 국민의 의사에 반해 권력을 행사할 수 없다. 그래서 나온 것이 '저항권'이다. 국가가 주권자의 의사에 반할 때 국민은 사회계약을 해지해 국가를 부정할 수 있다는 이야기다.[14]

로크는 국가가 언제나 옳은 일만 하지 않는다고 생각했다. 그러므로 국가가 자신의 권력을 행사하기 위해선 주권자인 국민이 만들어놓은 원칙과 기준에 따라야 한다고 설명했는데 그것이 바로 법치주의다. 이는 절대 권력인 국가의 명령에 모든 인민이 따라야 한다고 했던 홉스와 다른 입장이다. 홉스의 이론에선 국가가 '세속의 신'이므로 신민인 인간들은 국가의 철학과 이념을 무조건 지지해야 한다.

좀 더 선명하게 둘을 비교하면 홉스의 입장에선 국가가 주이고, 국민이 종이다. 반면 로크에겐 국민이 주이고, 국가가 종이다. 국가는 국민을 위해

---

14 세부적인 내용은 다르지만, 유가 사상에도 저항권과 비슷한 맥락이 나온다. 공자와 순자는 '물은 배를 띄울 수도 있고, 배를 엎을 수도 있다'고 말했다. 왕이 제대로 백성을 통치하지 못하면, 백성이 왕을 권좌에서 끌어내릴 수 있다는 뜻이다. 이는 맹자의 철학에서 '역성혁명론'으로 발전했다. 정도전과 이성계가 고려를 무너뜨리고 조선을 건국한 이념적 바탕이 됐다. 특히 같은 신진사대부로 교우 간계가 깊었던 정도전과 정몽주는 '역성혁명론'에서 의견이 갈렸다. 처음 정도전에게 맹자의 철학을 소개한 것이 정몽주였다. 정몽주는 맹자가 말한 무왕의 이야기를 소개해 줬다. 은나라를 멸하고 주나라를 세웠던 그에 대해 맹자는 "인(仁)을 해치는 자를 적(賊)이라 하고 의(義)를 해치는 자를 잔(殘)이라 한다. 잔적지인(殘賊之人)은 단지 '그놈'이라고 하니 무왕이 '주(은나라의 마지막 왕)'라는 놈을 처형했다는 말은 들었어도 임금을 시해했다는 말은 듣지 못했다"고 했다.

존재하는 '필요악'이라는 입장이다. 우리가 보통 알고 있는 사회계약론의 핵심을 만든 이는 바로 로크라고 볼 수 있다.

따라서 로크의 사상은 앞서 설명한 것처럼 민주국가의 기본 원리가 되고 있다. 국가 권력의 정당성은 국민으로부터 창출되며, 국가 권력을 대리하는 사람들은 주권자인 국민을 위해 정치를 펼쳐야 한다.[15] 권력을 행사할 때는 국민이 합의한 기준인 '법'에 의해서만 모든 행위가 정당화될 수 있다. 권력의 정당성이 사회계약을 한 순간부터 국가, 이를 대리하는 왕에게 부여된다고 생각한 홉스와 다른 지점이다.

그런데 가끔 우리 사회의 지도자, 특히 정치인들은 법치주의를 잘못 해석하는 경우가 많다. 법치주의는 법에 따라 국민을 '통치'하는 게 아니라, 국민의 대리인인 정치가가 '법치'에 의해서만 행동을 하라는 의미다. 즉, 법치주의는 권력을 가진 자를 구속하기 위해 존재하는 것이지 국민을 통치하기 위해 존재하는 것이 아니라는 이야기다.

로크의 사회계약론을 발전시켜 완성한 이는 루소(Jean Jacques Rousseau)다. 루소는 국가와 정권을 구분함으로써 저항권의 개념을 좀 더 현

---

15 1689년 《통치론》에서 로크는 민주주의 헌법의 원리인 국민주권론을 강조했다. 국가 권력은 국민이 만든 원칙, 즉 법에 의해서만 행사돼야 하며(법치주의) 만일 국가가 주권자의 의사에 반하면 저항권으로 사회계약을 해지할 수(저항권) 있다.

실에 맞게 다듬었다. 로크에 따르면 국민의 뜻에 맞지 않는 국가는 사회계약의 파기와 함께 소멸해야 옳다. 그러나 현실은 그렇게 하기 어렵다. 또 큰 비용을 초래한다.

이런 의미에서 루소는 국가와 이를 운영하는 정권을 따로 떼어내면 혼란이 없을 것이라고 생각했다. 국민의 뜻을 대변하는 정치 세력이 있고, 이들이 각각 경쟁을 벌여 정권을 잡으면 국가의 역할을 하도록 한다는 것이다. 만일 정권이 잘못된 정치를 펴면, 국가를 전복할 필요 없이 정부만 교체하면 된다. 루소의 아이디어는 현대 정당 중심의 의회 민주주의를 발전시키는 초석이 됐다.[16]

이와 함께 루소가 현대 국가에 기여한 중요한 지점을 꼽으라면 1755년에 쓴 《인간 불평등 기원론》을 살펴볼 수 있다. 이 책에서 루소는 인간 사회의 모든 갈등과 혼란이 불평등에서 기원한다고 주장했다. 특히 경제적 불평등이 공동체를 붕괴의 위험으로 몰고, 개인의 행복을 가로막는다고 설명했다.

루소에 따르면 인간은 공동체 생활을 시작하고 한동안은 행복한 시절

---

[16] 1755년 《인간 불평등 기원론(Discours sur l'origine et les fondements de l'inégalité parmi les hommes)》에서 루소는 불평등이 모든 갈등과 혼란의 원인이라고 생각했다. 가진 자와 못 가진 자의 차이는 사회 전체를 붕괴시킬 수 있는 위험을 내포한다고 봤다. 뒤에서 자세히 살펴보겠지만 오늘날 선진국들이 겪는 민주주의 위기 현상의 본질도 불평등이다. 불평등은 사유재산이란 개념이 생겨나면서 시작됐는데, 산업화로 양극화가 더욱 심해졌고 국가는 오히려 불평등을 강화하는 도구로 전락했다는 인식도 생겨났다. 이런 생각을 가진 이들이 초기 사회주의 사상가들이다. 마르크스와 엥겔스도 마찬가지다.

을 보냈다. 그러나 사유재산이란 개념이 생기고 잉여가치의 분배가 차별적으로 이뤄지면서 최초의 불평등이 생겨났다. 산업이 발전하면서 불평등은 더욱 심해졌고, 국가는 양극화를 더욱 강화하는 체제로 작용한다고 지적했다.

결국 이런 불평등을 없애려면 인간이 사는 사회구조 자체를 개혁해야 한다고 강조했다. 이를 위해선 불평등을 없애려는 인간의 '선성(善性)'이 필요하고, 이들이 모였을 때 정의가 생긴다고 했다. 불평등에 대한 최초의 체계적 사상인 루소의 '불평등 이론'은 훗날 사회주의 사상가들에게도 많은 영향을 미쳤다. 100년 후 루소가 제기한 불평등 문제의 해법은 마르크스(Karl Marx)와 엥겔스(Friedrich Engels)의 《공산당 선언》으로 구체화됐다. 그리고 다시 100년 후에는 불평등 문제 해결을 국가의 핵심 역할로 보는 오늘날 복지국가 이념으로 발전했다.

이들의 사상과 맞닿아 있는 또 다른 중요한 인물이 몽테스키외(Montesquieu)다. 그는 《법의 정신(Esprit des Lois)》에서 삼권분립 사상을 발전시켰다. 입법·행정·사법 세 기관의 견제와 균형이 바탕이 된 대의정치야말로 이상적 정치체제라고 주장했다. 그의 사상은 미국 독립혁명의 근본이념이 됐고, 최초의 삼권분립 국가를 탄생시켰다.

이처럼 국가의 존재 이유는 목적론에서 시작해 발생론으로 진화했다. 이는 역사 발전의 주체를 '국가'에서 '시민'으로 바꿔 놓은 것과 같다. 시민의 권리를 강조한 미국 헌법의 첫 문장이 'We the People(우리 시민들은)'으로 시작하는 것도 그 때문이다. 근대 정치사상에서 개인은 권력의 객체가 아니라 분명한 주체로 우뚝 섰다.

3 / 마르크스의 착취하는 국가

마르크스 이론의 출발점은 앞서 살펴본 루소의 질문과 비슷하다. 불평등은 어떻게 생겼고 왜 더 심해지고 있는가이다. 마르크스의 생각을 따라가려면 먼저 유물론을 알아야 한다. 유물론은 세계의 원리를 물질에서 찾는다. 물질이 먼저 있고, 그다음에 정신과 의식 같은 형이상학적인 것들이 있다고 믿는다. 그런 의미에서 형이상학적 관념을 우선하는 관념론과 대비된다.

유물론의 관점에서 물질의 세계는 존재 자체로 의미가 있다. 물질은 신에 의해 창조된 것이 아니고 원래부터 그냥 있던 것이다.[17] 정신과 의식 같은

---

17 물질로 환원하는 유물론은 자연스럽게 무신론으로 이어진다. 신 또한 인간이 만들어낸 상상의 산물에 불과하다고 본다. 먼 옛날 동굴 속의 인간은 자신의 인식 능력으로는 이해할 수 없던 무지의 공포를 신이라는 절대자에게 투영하며 두려움을 극복했다. 우레와 같은 천둥 번개는 하늘의 노여움이고, 극심한 가뭄은 신의 변덕이었다. 그래서 고대 문명에서 신과 소통하는 제사장의 위상은 매우 높았다.

관념도 물질이 있어야 성립이 가능하다. 형이상학에서는 인간을 영혼과 육신으로 나눈다. 물질과는 다른, 논리로 설명할 수 없는 무언가가 있다고 믿는다. 하지만 유물론에선 영혼 따위는 존재하지 않는다고 생각한다.[18]

그런데 이런 물질의 본성은 늘 변화한다는 점이다. 고정된 상태로 불변하는 물질은 없다. 그 변화의 에너지는 내부에서 나온다. 즉 겉으로는 하나로 통일된 것처럼 보이지만 내부에서 끊임없이 대립된 것들 간의 투쟁이 일어나고 변증법적 과정을 통해 끊임없이 새로운 무언가로 변해간다는 이야기다. 이것이 변증법적 유물론이다.

이를 국가의 생성과 소멸, 역사의 발전 과정에 적용한 것이 '사적 유물론(史的唯物論)'이다. 원시 공동체 이후 인간의 모든 사회는 내부의 끊임없는 투쟁을 통해 지금에 이르렀다. 서로 반대편에 놓인 두 계급 사이의 투쟁이 역사를 발전시켰다. 국가는 투쟁 과정에서 지배층이 피지배층을 통제하고 착취하는 폭력적 기구였을 뿐이다.

과거에는 귀족과 노예, 봉건 영주와 농노, 부르주아와 프롤레타리아가 있었다. 현대사회에는 기업가와 노동자, 건물주와 세입자 등의 구도가 존재

---

18 종교와 예술, 문화 영역 전반에서 인간과 인간이 아닌 것을 구분할 때 '정신', '영혼'과 같은 것들을 떠올린다. 육신은 영혼을 담는 그릇이며, 인간의 본질은 고매한 정신에 있다는 설명이다. 이런 관점에서 본다면 인간이 만들어낸 인공지능과 존엄성을 지닌 인간을 가르는 가장 큰 차이점은 정신, 또는 영혼이다. 전통적으로 인간 문명에서 육체보다 정신을 더 중요하게 생각한 이유다. 그러나 과학에서는 영혼과 정신을 어떻게 정의할까. 우리가 보통 생각하는 것처럼 정말 형이상학적인 무언가가 있을까. 과학에선 그저 시냅스와 뉴런 간의 화학작용일 뿐이다. 이처럼 애초에 정신과 영혼 같은 건 세상에 존재하지 않는다는 게 유물론의 입장이다.

한다. 이처럼 모든 사회엔 착취하는 사람과 당하는 사람이 존재하며 이를 구조화하고 더욱 공고하게 만드는 것이 국가다. 지배계급이 국가를 이용해 피지배계급을 더욱 억압하고 통제한다는 뜻이다.

전통적으로 계급을 나누는 기준은 생산수단의 소유 여부를 통해서다. 중세 지주들은 땅을, 산업혁명기 부르주아는 공장을, 현대 건물주는 부동산을 소유하고 있다. 마르크스는 노동의 가치보다 신성한 것은 없다고 믿었다. 열심히 일해서 번 돈을 공평하게 나눠 갖는 것이 이상적인 사회라고 봤다.

그러나 합법적으로 생산수단(땅, 공장, 부동산 등)을 소유한 지배층은 경제활동을 통해 생산된 잉여가치 중 최소한의 몫만 노동자들에게 지급하고, 대부분의 몫을 이윤의 형태로 착취한다고 봤다. 이 같은 문제의식에서 '일하지 않고 더 많은 이윤을 챙겨가는 것은 말이 안 된다'는 것이 마르크스 이론의 출발이다.

결국 이 같은 생산관계를 깰 방법은 혁명뿐이라는 게 그의 생각이었다. '전 세계 노동자들이여 단결하라'라고 〈공산당 선언〉에서 부르짖은 것도 그 때문이다. 프롤레타리아 혁명을 통해서만 착취와 지배 구조를 전복할 수 있다고 믿었다. 마르크스에게 국가는 국민의 권리를 지키는 수단도, 불평등을 완화하는 장치도 아닌, 착취와 폭력의 도구였을 뿐이다. 그래서 혁명이 완료된 세상에선 국가도 사라진다고 봤다. 이를 통해 '인간 해방'이라는 궁극적 목표를 달성한다는 것이다. 즉, 국가를 전복하는 것은 혁명의 목표가 아니라 인간 해방을 얻기 위한 하나의 방편일 뿐이다.

그런데 문제는 혁명 이후의 그림이 그려져 있지 않다는 점이었다.[19] 실제로 마르크스 이론을 따른 사회주의 국가에서 인간은 해방되지 않았고 국가도 없어지지 않았다. 오히려 인간은 더 많은 구속과 착취를 당했다. 단지 억압의 주체가 자본가에서 독재자 또는 소수의 공산당 지도자로 바뀌었을 뿐이다. 사회주의 혁명을 일으켰던 나라들의 실상은 어찌 보면 마르크스 이론보다는 홉스의 《리바이어던》에 더욱 가깝다고 봐야 한다.

왜 그럴까. 마르크스 이론은 말 그대로 '이론'일 뿐이기 때문이다. 그의 사상은 역사의 발전 과정을 대립물의 투쟁으로, 자본주의 모순을 잉여가치의 차등 분배로 설명한 하나의 '가설'이기 때문이다. 실제로 마르크스의 〈공산당 선언〉에는 프롤레타리아 혁명을 성공시키기 위해서는 구체적으로 무엇을 해야 하는지, 혁명이 성공한 다음에는 어떤 정치와 경제 체제를 갖춰야 하는지 등의 로드맵이 없다.

---

[19] 마르크스는 자본주의를 무너뜨리기 위해 연구했지만, 아이러니하게도 그의 자본론은 자본주의를 더욱 이해하고 발전시키는 초석이 됐다. 마르크스가 나오기 전까지 그만큼 자본주의를 체계적으로 분석하고 이론화한 사람은 없었다고 해도 과언이 아니다. 그러나 마르크스 이론은 여기까지다. 혁명으로 자본주의와 국가 체제를 무너뜨려야 한다고 했지만, 그 이후 어떤 방식으로 인간이 살아가야 하는가에 대해선 해답을 주지 못했다. 이를 보완하고 현실의 구체적 목표와 방법론을 설파한 인물이 블라디미르 레닌(Владимир Ильич Ленин)이다. 책 《국가와 혁명(Государство и революция)》(1917)에서 그는 부르주아 자본주의와 국가 시스템을 폭력혁명으로 전복하고 소비에트 사회주의 국가의 수립을 내세웠다. 실제로 레닌의 책이 출간되고 5년 후 소비에트 연방이 수립됐다. 이후 레닌의 사상은 마르크스와 짝을 이뤄 '마르크스·레닌주의'라는 표현으로 함께 불렸다.

그러나 그의 이론이 오늘날 완전히 쓸모없어진 것은 아니다. 불평등의 심화에 대한 그의 해석은 현대사회에도 정확히 들어맞는다. 오죽하면 '조물주 위에 건물주'라는 농담이 전 사회에 퍼져 있겠는가. 이상주의적 이론은 현실에서 실패로 끝났지만 자본주의 사회에 대한 그의 놀라운 통찰은 여전히 많은 것을 시사한다.

4 / 보수와 진보는 성향 차이

보수와 진보의 차이는 국가의 존재 이유와 성격을 구분하는 것과 밀접한 관련이 있다. 보수와 진보는 그 자체로 만고불변의 특정 철학과 이념을 갖진 않는다. 시대에 따라 그 안에 담기는 내용은 얼마든지 달라질 수 있다. 다만 세상을 바라보는 인식, 변화에 대한 방식의 차이가 둘을 구분 짓는다. 사실 단순한 구분처럼 보이지만 현실 정치에 이를 대입하면 매우 큰 차이를 낳는다.

앞서 살펴본 것처럼 정치와 국가의 존재를 설명하는 이론은 다양하다. 그중에서도 국가를 최고의 선으로 본 아리스토텔레스와 인간 해방을 위한 조건으로 국가를 없어져야 할 대상으로 본 마르크스 사이에는 중요한 공통점이 있다. 언뜻 보면 둘은 양극단에 놓인 것처럼 보이지만, 둘 사이에는 인간과 세상에 대한 동일한 인식의 지점이 있다. 바로 인간이 세상을 설계하고, 의지에 따라 바꿀 수 있다는 믿음이다.

아리스토텔레스는 최고의 선을 실천하는 국가를 이상향으로 제시하고, 그 목적을 이루기 위한 방법을 연구했다. 그 방법론을 정치학이라고 명명했다. 마르크스는 사적 유물론에 따라 역사 발전 단계를 서술하며 역사의 최종 종착지를 혁명 이후의 공산주의 사회로 설정했다. 두 가지 모두 인간이 설계한 그림대로 세상을 만들어갈 수 있다는 굳은 믿음이 내재해 있다.

반면 홉스와 로크의 사회계약론은 인간이 불가피하게 계약을 맺긴 했지만 국가는 필요악이라고 규정했다. 인간이 계약을 맺어 국가를 탄생시켰지만, 계약서에서 손을 놓는 순간 계약 주체인 인간의 손을 떠나 버린다. 즉 통제할 수 없는 권력이 돼버리기 때문에, 인간이 할 수 있는 것은 저항권을 사용해 국가를 전복시키거나 그 권력을 법치의 테두리에 묶어두는 것뿐이다. 홉스와 로크의 시각에선 인간의 의지대로 사회를 설계하고 세상을 만들어 간다는 것이 불가능해 보인다.

이렇게 역사와 사회를 바라보는 두 가지 관점은 공동체를 어떻게 변화시켜 갈 것인가 하는 문제의 해답을 얻는 과정에서 서로 다른 태도를 낳는다. 즉, 한편에서 인간은 충분히 유토피아[20]를 설계하고 노력을 통해 이를 실천할 수 있다고 믿는다. 또 다른 편에선 세상은 인간이 그린 설계도대로만 움직이지 않으며, 그 어떤 개인도 인류의 집단 문화유산인 과거의 전통과 관습을 뛰어넘을 수 없다고 생각한다. 환경의 변화에 따라 인간의 제도 역시 바뀌어야 하겠지만 이를 급진적으론 바꿀 수 없다는 주장이다.

위와 같은 구분에서 전자를 우리는 진보라 부르고, 후자를 보수라 칭한다. 즉, 보수와 진보는 단순히 변화의 속도 차이만이 아니라 세상을 바라보는 관점까지 다르다. 이 같은 구분을 체계화해 놓은 대표적인 사람이 영국의 정치가이자 철학자인 에드먼드 버크(Edmund Burke)다.

그는 1790년 발간된 《프랑스 혁명의 고찰》을 통해 혁명 정부와 계몽주의를 비판했다. 그의 이론은 현대 보수주의 사상의 시발점이 됐다. 그의 논지는 명쾌하다. 당시 유럽에선 인간의 이성과 합리에 근거한 계몽주의가 지식의 주류를 형성했다. 인간 이성에 대한 자신감은 인간의 의지로 역사를 더 나은 방향으로 발전시킬 수 있다는 믿음을 갖게 했다.

---

20 토머스 모어(Thomas More)의 소설 《유토피아》 이후 이상적인 세계를 뜻하는 말로 보통명사화됐다. 모어는 "도둑질 말고 생존할 방법이 없는 사람이라면 그 어떤 처벌도 이를 막을 수 없다. 끔찍한 처벌 대신 일정 수준 생활할 수 있도록 지원해야 한다"고 주장했다. 그러면서 오늘날 회자되는 기본소득처럼 저소득층에 대한 국가의 구휼 의무를 제시했다. 모어가 살던 16세기 유럽에선 지주들이 양을 키우기 위해 소작농을 쫓아내는(인클로저 운동) 일이 많았다. 당시 모어는 이런 세태를 "양이 사람을 잡아먹는다"고 풍자했다.

그러나 버크는 인간의 이성이 뛰어난 것은 사실이지만, 그 또한 불완전함을 완전히 이겨낼 수 없기 때문에 다가올 미래를 완벽히 설계하거나 대처할 수 없다고 생각했다. 오히려 부실한 설계는 미래를 더욱 혼란과 갈등으로 몰아넣을 수 있다고 지적했다.

실제로 혁명 이후의 프랑스는 유토피아라기보다는 혼란과 갈등이 극심해진 사회의 단면을 보여줬다. 그 때문에 버크는 역사의 발전과 진화는 뛰어난 소수 엘리트의 설계가 아니라 과거에서부터 내려오는 전통과 관습에서 비롯된다는 주장을 펼쳤다. 과거의 유산이 때로는 극복해야 할 인습으로 여겨질 수 있지만, 이것이 오랜 시간 인류 역사에서 전통으로 내려오는 이유는 그만큼 정당성과 효용성을 인정받았기 때문이다. 평소 우리가 식당에 갈 때 블로거의 호평이 많고 줄이 긴 '맛집'을 찾아가는 것과 같은 이치다.

그러므로 버크에게 역사의 진화와 사회의 발전은 과거의 유산을 토대로 한 점진적 개선의 방식으로 이뤄져야 한다. 혁명과 같은 급진적 변화는 오히려 혼란과 갈등을 부추길 뿐이다. 불확실한 미래를 대하는 자세는 실현 가능성이 높지 않은 도전을 행하는 것보다 과거에서부터 현재까지 꾸준히 검증된 전통에 따른 보수적 개혁이 최선의 방법이라고 믿는다. 버크는 소수 엘리트의 뛰어난 이성보다는 다수의 사람으로부터 형성된 문화의 힘을 강조했다고 볼 수 있다.

이는 오늘날 자유주의자의 아버지로 불리는 존 스튜어트 밀(John Stuart Mill)의 생각과도 비슷하다. 일부에선 그가 생전에 당대의 진보 정당에 몸담았던 정치인이라고 해서 현대사회에서도 그의 사상이 진보 진영의 유물이라고만 생각하는 어리석은 이들도 있다. 그러나 그가 비판한 것은 관습에 얽매여 발전 동력이 사라진 19세기 영국 사회의 기득권층이었지 보수주의 자체가 아니었다.

오히려 그는 현실 정치에서는 안정을 추구하는 정당과 개혁을 주장하는 정당이 모두 있어야 온전한 사회가 될 수 있다고 말했다. 서로 장단점을 지니고 있기 때문에 상반된 인식의 틀을 갖고 있더라도 각자가 존재하는 이유가 있다는 뜻이다. 뒤에서 충분히 살펴보겠지만 밀의 사상은 현대 민주주의 이념의 근간으로 오히려 보수의 정신에 더욱 가깝다.

1859년 출간된 책 《자유론(On Liberty)》[21]은 정치·사회적 자유의 뜻과 필요성을 역설한 자유주의의 교과서다. 이전까진 주로 철학의 영역에서 '의식의 자유'가 논의됐고, 한 세기 전의 애덤 스미스(Adam Smith)는 시장의 관점에서 '경제적 자유'를 논했다. 잘 알다시피 밀의 《자유론》은 개인의 자유, 특히 사상과 표현의 자유가 타인을 해치지 않는다는 전제 아래에서는 최대

---

21 존 스튜어트 밀의 《자유론》은 자유주의의 사상의 고전이다. 그 때문에 이 책에서는 《자유론》이 여러 번 언급될 것이다. 존 스튜어트 밀은 《자유론》에서 "사회가 개인을 상대로 정당하게 행사하는 권력의 성질과 한계를 살펴보는 것이 목적"이라고 설명했다.

한 보장돼야 한다는 이론이다. 다양하고 새로운 생각이 많이 나와야 사회가 발전할 수 있다고 설명한다.

인간의 능력은 유한하기에 그 누구도 완전한 진리를 알 수 없고 완벽한 판단을 내릴 수 없다. 한 사람만의 생각으로는 제아무리 그가 천재라고 하더라도 존 밀턴(John Milton)이 책 《아레오파지티카(Areopagitica)》에서 말했던 '사상의 자유경쟁시장'에서 만들어진 생각과 이념을 뛰어넘을 수 없다. 그러므로 가능한 한 많은 주장이 자유롭게 개진되고 치열한 토론을 통해 살아남은 주장만이 그 시대의 진리가 될 수 있다. 하지만 이 또한 시대가 바뀌면 진리의 자리를 내줘야 한다. 이는 모든 종교적 교리와 도덕적 윤리, 과학적 이론도 마찬가지다.

따라서 밀은 진리에 이르는 가장 손쉬운 방법은 자유로운 토론이라고 제시한다. 서로 다른 의견이 치열하게 치고받는 과정을 거쳐야 더욱 합리적인 의견에 다다를 수 있다는 것이다. 만일 A라는 주장에 대해 B라는 잘못된 반박이 나온다 해도 결국 A는 그 정당성을 더욱 분명히 하여, 보다 설득력 있는 이론으로 자리 잡게 된다. 이처럼 인간의 역사가 발전하면서 논쟁과 의심이 필요 없는 생각은 더욱 많아지게 된다.

더 나은 세상을 만들기 위해서 변화는 필수적이다. 다만 보수와 진보는 그 방법론과 속도에 있어 조금씩 다를 뿐이다. 보수라고 해서 변화를 거부하는 것이 아니라는 이야기다. 오늘날 한국 사회에선 보수가 마치 '수구'인 양 착각하는 이들도 있지만 이는 잘못된 생각이다. 수구는 현재를 맹목적으로 고수하며 과거로 회귀하려는 것이다. 하지만 보수는 기존의 사회 체제를 유지하며 합리적이며 안정적이고 점진적으로 발전시키려 한다. 진보와 비교해 세상을 바라보는 인식과 태도에서 차이가 있을 뿐 보수도 변하지 않으면 살아남을 수 없다.

그러나 현실에서 보수와 진보를 단순히 태도와 성향만으로 판별하기는 어렵다. 누구나 보수와 진보, 양면을 지니고 있기 때문이다. 그러므로 현실 정치에선 좀 더 명쾌한 기준이 필요하다. 과거에는 반공주의와 색깔론 등 이념 공세와 그에 대한 반작용의 과정을 통해 양측이 나뉘었다. 하지만 현재 한국에서 보수와 진보의 구분은 주로 경제적 관점에 따라 달라진다. 아주 단순하게 말하면 정부의 시장 개입을 어떻게 바라볼 것이냐 하는 문제에 따라 보수와 진보가 갈린다.

그러나 시장의 관점에서만 보수와 진보를 구분하는 것은 정치의 영역을 경제 프레임에만 한정시키는 우를 초래한다. 인간의 삶은 경제활동이 전부가 아니기 때문이다. 생산과 소득, 분배 등 경제활동이 삶의 기본이 되긴 하지만 인간은 단순히 먹고만 사는 존재가 아니다. 그래서 시장에 대한 관점을 중심으로 보수와 진보를 나누는 경제 환원론은 여러 가지 문제를 초래한다. 대표적인 게 보수의 핵심 이념인 자유주의의 모순에 빠지는 일이다.

요컨대 보수와 진보는 그 자체가 특정 이데올로기와 가치적 지향점을 갖고 있지 않다. 그저 세상과 역사, 미래를 바라보는 태도일 뿐이다. 그러므로 재미 삼아 정치 테스트하듯, 특정 이슈에 대한 지엽적인 찬반 문항으로 자신의 정치적 성향을 진보와 보수의 테두리에 가두지 말자. 그것처럼 어리석은 짓도 없다. 왜냐하면 그렇게 무 자르듯 진보와 보수를 정하는 순간 기득권이 정해놓은 정치 프레임에 갇히기 때문이다.[22]

---

22 자신에게 유리하도록 프레임을 짜고, 이해관계에 따라 대중의 편을 나눠 지지를 이끌어내는 것을 '편향성의 동원'이라고 한다. 이때 서로 다른 정파는 진영 논리를 통해 적대적 공생을 한다. 미국 정치학자 샤츠 슈나이더(Elmer Eric Schattschneider)가 주창한 이론이다.

2장

보수의 기원과 실체

1 / 쓸데없는 '건국절' 논쟁

역사 논쟁에서 건국절만큼 소모적인 싸움도 없다. 지난 10여 년간 보수 정치가 행한 가장 큰 실책 중 하나가 건국절 논쟁이다.[23] 먼저 불씨를 댕긴 것은 보수 진영이다. 이른바 '뉴라이트(New Right)' 계열에서 1948년 건국절 주장을 제기하면서 논란이 시작됐다. 이를 확전한 것은 이명박이다. 그는 취임 첫해인 2008년 광복절 행사명을 '제63주년 광복절 및 대한민국 건국 60년 경축식'으로 명명했다. 그는 이날 행사에서 "대한민국 건국 60년은 '성공의 역사'였다"고 말했다.

---

[23] 그 동안 대한민국 건국일을 1919년 임시정부 수립일로 볼 것이냐, 1948년 8월 15일을 정부 수립일로 볼 것이냐를 놓고 좌우 진영이 나뉘어 치열한 싸움을 벌였다. 김대중 전 대통령 때까지만 해도 이런 논란은 제기된 적도 없다.

반면 비슷한 시기 노무현은 "국가는 광복 이전부터 영속적으로 존재해 온 것인데, 정부를 수립한 날을 왜 건국이라고 해야 하는지 문제 제기가 있을 것"이라고 맞섰다. 아울러 독립운동 관련 단체와 야당, 진보 시민단체 등이 반발하면서 보수와 진보 진영 간의 건국절 전쟁으로 비화됐다.

논란이 잠잠해지는가 싶더니 2015년부터 다시 불씨가 커졌다. 광복절 경축사에서 2014년까진 1948년 8월 15일을 '정부 수립'이라 표현했던 박근혜가 2015년부터는 '건국'이라고 말하기 시작했다. 이때는 역사 국정교과서를 본격적으로 추진한 해이기도 하다. 1년 후 공개된 국정교과서에서도 '정부 수립'이란 표현을 빼고 '대한민국 수립'이라고 명시했다. 건국절 담론을 그대로 계승한 셈이었다.

윤석열 정부에서도 여전히 건국절 논란이 있었고, 심지어 육군사관학교 내 홍범도 흉상 철거를 놓고 또 다른 이념 전쟁에 불을 지폈다. 윤석열은 그러다 갑자기 "이념이 중요하다"고 말하기도 했다.

지나고 보면 이런 역사와 이념 논쟁이 얼마나 쓸데없는 것이었는가 싶다. 도대체 이 싸움에서 얻는 이익은 무엇이고, 최종 승자는 누구로 남았는가. 결론부터 말하면 보수와 진보 모두 얻은 게 없다. 대다수 국민의 삶과는 무관한 이슈로 양쪽 진영은 서로의 에너지만 낭비한 채 끝났다. 그렇다면 왜 이들은 왜 국민의 삶과는 무관한 건국절 논쟁을 그토록 치열하게 벌였는가.

유치해 보이기까지 하는 논란에 양측이 기를 쓰고 달려들어 진영 싸움을 벌인 이유는 뭘까.

건국절 논란을 정치적으로 이용하려 했던 것은 보수와 진보 모두 똑같다. 문제는 보수가 제기했지만 진보 역시 누가 먼저라고 할 것도 없이 자신의 주장에 맞는 논거를 모아 공격을 했다. 가만 들어보면 1919년 건국도 맞고, 1948년 건국도 맞다. 모두 일리 있는 이야기이다. 만일 서로가 열린 마음으로 허심탄회하게 대화했더라면 상대의 주장에 충분히 공감했을 법한 주장들이다. 그러나 이들은 마치 선과 악의 싸움을 하듯 건곤일척(乾坤一擲)의 싸움을 벌였다.

역사를 하나의 단편적인 사실이 아니라 시대적 맥락과 흐름으로 생각한다면 1919년부터 1948년까지의 모든 시기가 건국의 과정이다. 젊은 연인들이 '오늘부터 1일이야' 하고 교제를 시작하듯 건국일을 정확히 못 박을 순 없는 노릇이다. 실제로 초대 대통령 이승만이나 임시정부 주석 김구도 건국 시점을 특정한 적이 없다.

영국과 프랑스, 미국, 일본도 '건국절'이라는 명칭의 기념일은 없다. 미국은 영국에서 독립한 날을 독립기념일로, 프랑스는 프랑스 혁명의 발단이 된 바스티유 감옥 습격일을 기념한다. 이들이 어느 특정한 날을 건국일로 보지 않는 것은 역사의 지속성과 정통성, 통합성을 스스로 부정하는 모순에 빠지지 않기 위해서다. 마치 1948년을 건국일로 생각하면 임시정부의 정통성이 훼손되는 것처럼 말이다.

보수와 진보 정치인들이 치열하게 건국절 논쟁을 벌인 이유는 한국 정치가 아직도 구태를 벗지 못했기 때문이다. 이념 공세로 내 편과 네 편을 갈라 자기 진영을 결집하려는 시도는 보수와 진보 모두의 노림수였다. 도대체 건국일이 1919년이든, 1948년이든 일상을 살아가는 시민의 삶과 무슨 관련이 있다는 말인가.

결국 건국절 논란은 다수 국민의 생활 정치와는 관계없는 이슈로 시간만 낭비했을 뿐이다. 이는 시민들을 정치로부터 더욱 멀어지게 하는 소수의 엘리트 중심 정치의 대표적인 사례다. 다수 시민의 생활이 정치 이슈에서 멀어져 갈 때 소수 정치인의 전횡은 더욱 심해진다. 대중을 소외시키고 그들만의 리그를 만들려고 했던 것은 보수와 진보가 크게 다르지 않다.

이처럼 정치가 '그들만의 리그'로 흐를 경우 시민들은 정치의 본질이 소모적이고 쓸데없다는 생각을 하게 된다. 정치의 이념과 철학, 가치를 논하는 것은 무의미한 일이며, 권력 투쟁과 이권을 지키는 것만이 정치의 본질이라고 믿게 된다. 결국 정치를 부정하고 참여를 포기하는 수순으로 나아간다. 이런 현상이 바이러스처럼 퍼지면 공적 이슈에 건강하게 참여하는 시민사회를 무너뜨리면서 정치 엘리트의 전횡만 커져갈 뿐이다.

건국절 논란은 다수의 국민에게 쓸데없는 것이었지만, 일부의 보수 사상가들의 입장에선 매우 중요한 문제였다는 점은 짚고 넘어갈 필요가 있다. 과연 이들은 왜 건국절 논쟁을 제기했던 것일까. 다음 장에선 한국 보수의 기원이 무엇인지, 왜 이들이 건국절 담론에 집착했는지를 중심으로 살펴보겠다.

2
한국 보수의 뿌리는

보수 정치의 뿌리를 찾는 것은 쉬운 일이 아니다. 특히 대한민국은 35년의 일제강점과 한국전쟁을 겪으며 지키고 보존해야 할 보수의 가치들이 깡그리 무너진 상태로 출발했다. 폐허가 된 동산 위에서 과거의 유산과 전통을 찾는 작업은 매우 어렵다. 그런 고민 끝에 신자유주의를 신봉하는 보수주의 사상가와 정치가가 만들어낸 것이 건국절 담론이다. 하지만 결론부터 말하자면 이런 방식으로 보수의 기원을 찾으려는 시도는 잘못됐다.

앞서 설명한 것처럼 보수에게는 자신들이 지키고 보존해야 할 대한민국의 전통과 그 기원을 찾는 문제가 매우 중요하다. 과거보다 내일을 먼저 생각하는 진보와 달리 보수는 뿌리에 중요한 의미를 두기 때문이다. 보수는 지나간 시대의 유산과 문화에서 오늘과 내일의 해법을 찾는다. 그러므로 보수는 진보에 비해 건국에 대한 고민이 클 수밖에 없다.

하지만 보수의 입장에서 1919년 임시정부 수립일을 건국으로 생각하면 한 가지 모순이 생긴다. 식민지 조선에서 일제에 부역했던 친일파들을 어떻게 대할 것이냐 하는 문제다. 1919년 건국의 관점에서 본다면 당시 친일파는 모두 반역자에 해당한다.

그러나 이들을 모두 반역자로 몰고 부정하는 것은 간단치 않다. 전부는 아니겠지만 친일 인사의 상당수는 해방 이후의 공간에서 다시 정치·사회·경제 엘리트로 부상했다. 이들이 주축이 되어 대한민국의 기틀을 다졌고 산업화를 이끌며 현재 보수 진영의 토대를 이루는 가장 큰 뿌리가 됐다.[24] 그러므로 과거의 것을 유지하고 지켜야 할 보수의 입장에선 건국의 시점을 어디로 볼 것인가 하는 문제가 매우 간단치 않다.

그런데 일제강점기를 대한민국의 컬러풀한 역사가 아니라, 흑백 사진과 같은 건국 이전의 과거로 치부해 버리면 모든 논리가 깔끔해진다. 역사적 흐

---

24 있는 그대로의 역사를 기술하면 문제없지만, 이념적 판단을 넣기 시작하면 논란이 생긴다. 대표적인 게 식민지 근대화론이다. 일제강점으로 근대적 자본주의 체제가 도입되고 사회간접자본이 확충되면서 근대국가의 기틀을 다졌다는 이론이다. 그러나 주권을 빼앗고, 조선인을 수탈하며 각종 만행을 저지른 일제를 미화하고 있다는 비판을 받는다. 역사와 사회적 맥락을 무시한 지엽적 관점 때문에 현재는 큰 설득력을 얻지 못하고 있다.

름의 관점이 아닌, 현대와 연결 지점이 없는 단절된 과거로만 생각한다는 이야기다. 조선에서 대한제국까지는 하나의 흐름으로 이어진 역사였지만, 여기서 다시 대한민국에 이르기까지는 35년(일제강점)의 역사적 단절이 있었다. 보수 입장에선 그 기간을 도려내야만 정통성 있는 대한민국이 출범할 수 있다고 생각한다.

물론 이 같은 문제는 한국에서만 있는 게 아니다. 식민지를 경험한 다수의 국가에서 독립 후 이런 혼란과 갈등을 겪었다. 하지만 다른 나라와 달리 우리는 그 논란이 아직까지 계속되고 있다. 아마도 이것은 광복 후 해방 공간에서 친일 문제를 역사적으로 단죄할 만한 충분한 시간을 갖지 못했기 때문이 아닐까 생각된다.

독립 후 남과 북이 서로 갈라져 단독 정부를 세우고, 얼마 못 가 전쟁이 터졌다. 이후에는 휴전 후 국가를 재건하는 문제가, 그다음에는 산업화가 온 국민의 주요 이슈였다. 국민들에게는 '뭉쳐야 잘 산다'는 생각이 주입됐고 다른 목소리를 내는 것은 마치 종교의 이단처럼 여겨졌다. '잘 살아 보세'만이 유일한 교리였던 시절이다.

그 때문에 일제 치하에서 엘리트로 활동했던 친일 인사들이 대한민국을 장악하는 것은 매우 쉬웠을 것이다. 그들은 독립운동을 했던 이들보다 더 풍요롭고 나은 환경에서 살며 근대식 교육을 받았다. 또 최고 권력자의 입장에서는 일제가 만들어놓은 사회·정치 시스템에서 중요한 역할을 담당했던 사람들을 그대로 데려다 쓰는 것이 효율적이었을 것이다. 자의든 타의든 이런 조치는 외부인들에게 용서와 화해, 타협으로도 비칠 수도 있었다.

결국 건국절 담론의 핵심은 35년 일제강점의 역사를 지움으로써 한국전쟁 이후 산업화를 이룩했던 이들, 특히 친일파들에게 면죄부를 주려는 데 있다. 이는 우리가 안 좋은 기억은 잊고 좋은 기억만 간직하려는 인간의 본성과도 일치한다. 세상 모든 일에는 공과가 있는데 우리가 이 정도로 살 만해졌으면 과보다는 공을 먼저 생각해야 하는 것 아니냐 하는 논리와 같다.

결은 조금 다르지만 이런 생각이 심해지면 식민지 근대화론 같은 주장도 나온다. 식민지 치하에서 우리가 고통받고 신음한 것은 맞지만, 그 이면에는 우리에게 도움이 된 것도 많다는 주장이다. 모든 사회는 과거에 이룩해놓은 전통과 유산 위에서 비롯된다. 그런 관점에서 보면 일제가 한반도에 닦은 근대화의 기틀도 완전히 무시할 수는 없는 것들이다. 물론 그들이 빼앗아 간 것이 우리에게 준 것보다 훨씬 많지만 그렇다고 일제의 유산 자체를 부정하긴 힘들다.

하지만 그 어떤 명분으로도 국가의 독립성을 해치거나 제국주의적 침략을 정당화할 수는 없다. 그런 관점에서 우리는 일제의 유산을 대한민국이 계승해야 할 전통이라고 생각지 않는다. 보수 진영 안에선 일부 식민지 근대화론을 펴는 사람들도 있지만 이들은 이런 역사적 정의의 관점을 무시한 채 산업화를 통한 미시적 근대화 프레임에 사로잡혀 역사를 아전인수 하는 것에 불과하다. 결국 대한민국은 1919년부터 1948년까지의 전 기간이 건국의 과정이었다고 보는 편이 합리적이다.

여기서 다시 처음의 질문으로 돌아가 보자. 그렇다면 한국 보수의 기원은 언제인가. 시기적으로 구분한다면 한국전쟁 이후 국가주의 세력이 한국 보수의 모태라고 볼 수 있다. 먼저 보수의 기원 시기로 한국전쟁 이후를 설정한 이유는 해방공간의 한반도는 계승해야 할 전통과 유산이 무엇인지조차 구분하기 어려웠고, 전쟁은 생존이 유일한 문제였기 때문에 보수의 정체성을 생각할 겨를도 없었다.

그러므로 전쟁 이후 자유당 정권과 박정희 정권이 대한민국 보수의 태동이라고 볼 수 있다.[25] 하지만 그 시절의 국가는 홉스가 말했던 '리바이어던'이었고 최고지도자는 '세속의 신'을 대리하는 사제였다. 국가의 목표는 늘 개인의 권리에 앞섰고, 국가의 명령은 개인에게는 복음과도 같았다. 국가가 곧 종교였던 시절이다.

---

25 엄밀히 말해 이때의 집권 세력을 제대로 된 보수주의자라고 부르긴 어렵다. 보수의 태동·기원 정도가 적당한 표현이다. 왜냐하면 이때는 아직 국가주의 시대였기 때문에 민주주의 제도 아래서 보수·진보와 같은 이념적 구분을 하는 것이 불가능하다. 물론 형식적으론 민주주의를 정치체제로, 자본주의를 경제체제로 채택하고 있었지만 말이다.

당시 집권층이었던 국가주의 세력은 개발독재를 통해 산업화를 성공시켰다. 이때 우리는 '한강의 기적'이라 불리는 높은 물질적 성취를 이뤘지만 화려한 성공 이면의 어두운 면들을 제대로 살펴보지 못했다. 그러나 근대화·산업화·민주화라는 세 가지 목표를 달성한 전후 30여 년의 시간은 대한민국의 자부심을 드높였다. 그리고 국가의 발전과 인생의 성장을 함께 해온 지금의 장년 세대는 현재 보수 정치의 흔들리지 않는 버팀목이 되고 있다.

하지만 여기서 명심해야 할 것이 하나 있다. 개발독재 시대의 국가주의 세력이 보수의 기원인 것은 맞지만 이들 자체가 보수주의자였던 것은 아니라는 점이다. 앞서 이야기한 것처럼 이 책에서의 보수는 민주주의의 형식과 내용이 안착한 이후를 전제한다. 현대사회에서 보수와 진보가 작동하는 정치 공간은 민주주의라는 체제이기 때문이다. 그러므로 민주주의 바깥에 있는 국가주의 세력을 보수로 편입해 생각해선 안 된다. 전략적으로도 국가주의와 분리를 해야만 새롭게 태어나야 할 보수주의가 반공·독재라는 시대의 그늘에서 벗어날 수 있다.

이렇게 생각해보면 1980년대 중반까지의 정치 프레임은 '국가주의 vs 민주주의(자유주의)'였다고 보는 것이 맞다. 국가주의, 개발독재 시대에는 민주주의가 뿌리를 내리지 못했으므로 지금과 같은 기준으로는 그 시대를 보수와 진보로 구분하기 어렵다. 고려·조선 시대의 보수·진보를 현재의 그것과 대입해 살펴볼 수 없는 것과 비슷한 이치다.

3 / 보수 정치의 실체

그렇다면 오늘날 우리가 보수라고 믿고 있는 보수 정치의 실체는 무엇인가. 나는 이를 과거의 국가주의와 구분해 권위주의라고 부른다. 그리고 권위주의 세력이 등장하면서부터 보수와 진보라는 구도가 선명하게 만들어졌다. 물론 그 안에는 지역주의와 반공주의가 짙게 배어 있었다.

권위주의 정치 집단을 시기적으로 살펴보면 김영삼 정부 출범 전후를 출발점으로 볼 수 있다. 운동으로서 민주화가 끝나고 제도로서 민주주의가 정착되면서 지금과 같은 모습의 보수와 진보가 태동했다. 그런데 이때 형성된 보수에는 민주화 세력만 있던 게 아니다. 다수의 국가주의 세력이 보수로 편입됐다. 그러면서 자연스럽게 보수라는 이름을 뒤집어쓴 권위주의 세력이 형성됐다.

한국 정치에서 민주화 운동을 이끌었던 세력은 크게 김영삼과 김대중 두 인물로 구분된다. 이들을 중심으로 국가주의 세력과 맞서 싸웠고 1987년 국민직선 개헌을 이끌어냈다. 그러나 이때는 여전히 국가주의 이데올로기가 강했고 민주 세력이 분열돼 또다시 군부를 등에 업은 국가주의 세력이 집권에 성공했다.[26]

그러나 거센 민주화의 물결과 함께 국가주의 세력은 그 힘을 잃어가기 시작했다. 그대로라면 다음 대선(1992년)에선 민주 진영이 분열만 하지 않는다면 쉽게 정권을 탈환할 것처럼 보였다. 하지만 1990년 또다시 민주 진영에 금이 갔다. 바로 3당 합당이다. 당시 여당인 노태우의 민주정의당과 김영삼의 통일민주당, 김종필의 신민주공화당이 힘을 합쳤다. 그 과정에서 자연스럽게 국가주의 세력과 김영삼 중심의 민주화 세력이 '보수'라는 한 울타리 안에서 융화되기 시작했다. 이것이 바로 권위주의 세력의 탄생이다.

1987년 민주화에 성공한 대한민국 국민은 1992년 대선에 큰 기대를

---

[26] 1987년 13대 대선에서 노태우가 36.6%로 당선됐고 김영삼·김대중은 각각 28%, 27%를 얻었다. 만일 두 사람이 분열되지 않았다면 민주적인 새로운 정권은 더 빨리 출범했을 것이다.

걸었다. 당시 대선에선 역대 가장 높은 투표율(81.9%)을 기록하며 정치에 대한 국민의 열망이 얼마나 강했는지 보여줬다. 결과는 3당 합당으로 당시 여권이던 국가주의 세력을 흡수한 김영삼(42%)의 승리였다. 민주화 운동의 적통을 주장해 온 김대중(33.8%)은 김영삼 정부 출범과 함께 정계를 은퇴하고 영국으로 도피해 6개월을 머물렀다. 그리고 1995년 지방선거 후 정계에 복귀해 1997년 대선에서 승리했다.

이처럼 오늘날 우리가 알고 있는 보수 정당과 진보 정당의 구분은 1990년 3당 합당이 분수령이었다고 볼 수 있다. 그리고 그 때 김영삼의 보수 민주화 진영으로 편입된 국가주의 이데올로기는 반공주의를 내세워 '악화가 양화를 구축하듯' 보수의 핵심 이념이 됐고 권위주의 세력의 힘을 키웠다. 실제로 1997년 대선에서도 핵심 쟁점은 김대중이 '빨갱이'인가 아닌가 하는 점이었다. '색깔론'은 원래 국가주의 세력이 휘둘렀던 가장 큰 무기다.[27]

1997년 대선에서 대통령으로 당선된 김대중은 불과 40.3%를 득표하는 데 그쳤다. 당시 김대중이 김종필과 손을 잡지 않았더라면, 또 보수가 이회창(38.7%)과 이인제(19.2%)로 분열되지 않았더라면 진보 정부의 집권은 불가능했을 것이다. 이처럼 민주주의가 제도로 정착된 시기에도 국가주의 이데올로기는 권위주의 세력들의 주요 무기로 쓰이며 선거 때마다 엄청난 파

---

27 1971년 대선에서 박정희와 대결할 때도 '색깔론'에 당했던 김대중은 26년이 지난 후에도 여전히 '빨갱이' 공격을 받아야 했다. 그리고 이 전략은 매우 막강했다.

괴력을 보였다. 이들은 지금까지도 보수라는 외피를 뒤집어쓰고 '북풍', '종북' 등의 프레임을 만들며 진보를 흔들고 있다.

결국 신한국당에서 한나라당, 새누리당, 자유한국당, 국민의힘으로 이어지는 한국의 보수 정당은 민주화 이후 보수라는 외피를 썼지만 사실은 권위주의 세력이라고 볼 수 있다. 그렇기 때문에 지금의 국민의힘을 미국과 영국 같은 나라의 보수 정당과 직접 비교하는 것은 옳지 않다. 가장 단적인 예는 영국에선 보수가 민주화 운동의 장본인이었다는 점이다. 그들은 절대왕권으로부터 시민의 권리를 인정받기 위해 투쟁하는 과정에서 지금과 같은 민주주의를 발전시켰다.

하지만 우리는 민주화를 위해 헌신했던 세력과 국가주의로 개발독재를 했던 세력이 한데 뭉쳐 새로운 권위주의 세력을 만들었고, 이들이 지금까지 한국 보수의 주류로 지내왔다. 그러므로 우리가 앞으로 새로운 보수를 건설하는 과업의 시작점은 보수의 외피를 뒤집어쓴 권위주의의 가면을 벗겨내는 일이다. 그런데 이 문제 역시 간단치 않다. 구태인 권위주의 정치인을 솎아내는 것은 상대적으로 쉬운 일일 수 있지만, 과거를 향수하는 지지자, 즉 보수층을 바꾸기는 어렵기 때문이다.

보수에는 보수 정치인만 존재하는 것이 아니다. 보수 정치의 이념과 사상을 만들어내는 보수 지식인과 언론, 그리고 이들의 생각에 공감하고 지지하는 보수 대중이 있다. 우리가 흔히 범하는 오류 중 하나가 보수 정치인과 보수 대중을 동일시하는 것인데, 이들은 본질적으로 다르다. 그렇기에 우리가 보수의 외피를 쓴 권위주의 시대 정치인을 배제하더라도 보수 대중까지 부정하려 해서는 안 된다. 이를 위해선 보수 대중의 성격과 본질에 대해서 알 필요가 있다. 다음 장에서는 보수 대중, 특히 장년층으로 대표되는 산업화 세대의 특징에 대해 살펴보고, 이들을 바라보는 청년층의 인식을 알아보고자 한다.

4
대중문화의 보수 담론

영화 〈국제시장〉의 주인공 덕수(황정민)는 맨몸으로 한국의 현대사를 살아낸 인물이다. 1950년 12월 열두 살 덕수는 온 가족과 함께 피난길에 오른다. 아버지는 남동생을, 어머니는 막내 여동생을 안고, 덕수는 동생 막순이의 손을 잡고 피난을 떠난다. 그러나 이들의 머리 위로 전투기 수십 대가 지나가며 폭탄을 떨어뜨린다. 결국 피난민들은 짐도 내팽개친 채 흥남부두로 모여들었다.[28]

몰려든 피난민을 보고 미군 대장은 무기를 모두 바다에 빠트렸다. 대신

---

28 흥남철수 작전. 문재인의 부모 또한 이 당시 미 함정인 빅토리호를 타고 부산으로 피란왔다고 한다.

사람들이 배 위에 올랐다. 그런데 막순이를 등에 업고 배에 오르던 덕수의 손이 미끄러지며 동생을 떨어뜨리게 된다. 막순이를 찾으러 간 아버지는 끝내 돌아오지 않았고 덕수는 집안의 가장이 되어 가족들을 먹여 살렸다. 부산 국제시장에 터를 잡은 덕수는 살기 위해, 가족을 지키기 위해 무엇이든 했다. 서울대에 입학한 동생의 등록금을 마련하기 위해 독일로 가 광부가 됐고, 여동생을 결혼시키려 월남에 가 돈을 벌었다.

그런 덕수를 보며 아내가 말했다. "이젠 남이 아니라 당신을 위해서 살아보라고요. 당신 인생인데 왜 그 안에 당신은 없냐고요." 하지만 덕수에겐 가족을 위해 사는 게 자신의 인생이었다. 흥남부두를 떠나던 배 위에서 아버지가 했던 그 말이 덕수에겐 삶의 진리처럼 여겨졌기 때문이다. "가장은 무슨 일이 있어도 가족이 먼저다. 이제부턴 네가 가장이다. 가족들 잘 지키라." 영화 마지막 장면에서 덕수는 먼바다를 바라보며 아내에게 말한다. 자신의 꿈은 선장이었다고. 누구나 못 이룬 꿈 하나씩은 있다고. 그리고 덕수는 독백으로 영화를 끝맺는다.

"힘든 세월에 태어나가 힘든 세상 풍파를 우리 자식이 아이라 우리가 겪은 기 참 다행이라. 그 망할 놈의 6·25를 우리 도주가 겪었다고, 서독 그 지옥 같은 갱도에 우리 도주가 들어가 있었다고, 월남 그 전쟁 통에 우리 아이들이 돈 벌러 들어와 있다고. 그게 도주가 아이라 나인 게 얼마나 다행인가. 우리가 겪어온 그 아픔들이 모두 일어나지 않았으면 참 좋았을 긴데, 벌써 일어난 일이다. 그냥 내랑 도주 엄마가 겪어버린 게 참 다행 아닌가 싶다."

이 영화를 본 관객은 총 1425만 명이다. 사람들이 흔히 좋아하는 액션이나 코미디 영화가 아닌데도 엄청난 관객들이 몰렸다. 이 영화가 대중들에게 특히 중장년층에게 소구할 수 있었던 이유는 뭘까. 항간에서는 〈국제시장〉이 과거 국가주의 시대를 '추억팔이' 하는 영화라고 비판한다. 박근혜 전 대통령이 관람했던 것을 두고 정치적 이미지를 덧씌워 분탕질하는 사람들도 있다. 그러나 그것은 모두 틀린 지적이다. 장년 세대가 이 영화에 몰입할 수 있던 것은 박정희를 그리워해서도, 그 시대를 좋아해서도 아니다. 영화에서 덕수의 이야기가, 전쟁 후 산업화를 이뤘던 그 시절이 그저 자신의 인생과 닮았기 때문이다. 한마디로 말한다면 대한민국의 역사와 자기 인생의 '동일시'다.

광복과 한국전쟁 전후로 태어난 세대는 한국 현대사의 모든 아픔과 시련을 덕수처럼 맨몸으로 겪었다. 모두가 헐벗고 가난했으며 전쟁 통에 죽다 살아난 이들도 있었다. 인생의 대부분을 격변의 시대를 헤치며 살아야 했던 장년층은 무엇 하나 제멋대로 해본 적이 없다. 선장이 꿈이었다는 덕수의 말처럼 이들에겐 자기의 꿈을 실현하는 게 사치처럼 여겨졌을 것이다. 좋아하는 것보다는 해야만 하는 것을, 자신보다는 가족을 먼저 생각했기 때문이다. 즉, 〈국제시장〉이 장년층과 공감할 수 있던 지점은 가족주의다. 박정희 정권 미화와 같은 국가주의의 부활이 아니라는 의미다.

영화는 오히려 무력한 국가를 비판한다. 국민은 살기 위해 온갖 몸부림을 친다. 국가는 국민을 보호해주지 않으며 오히려 사지로 내몬다. 덕수 역시 국가가 그의 인생에 도움을 준 것은 하나 없다고 말한다. 영화는 국가주의가 아니라 그 힘든 시대를 오직 개인의 힘으로 견뎌온 국민 개개인을 칭송하고 있을 뿐이다.

지금의 장년층이 보수를 지지하는 입장도 이와 다르지 않다. 그들 역시 국가주의 시대에는 정부의 통제와 억압을 비판했던 이들이다. 그들에게도 청춘이 있었고 그 시대의 기준으로 본다면 그들 또한 진보적이었을 것이다. 그런데 왜 이들은 지금 보수가 됐는가. 특히 '태극기'로 대표되는 수구 현상은 어떻게 설명할 것인가. 이들이 정말 박정희를 그리워하고, 그 시대의 정치 체제와 이데올로기를 현대로 소환하고 싶은 것일까.

그것은 아니라고 본다. 장년층에게 보수는 힘든 시대를 살아왔던 자신에 대한 격려이고 응원이다. 본인이 국가주의 이데올로기를 맹신하는 것은 아니지만, 그 시대를 비판하는 것은 마치 자신이 살아온 인생을 부정하는 것처럼 들린다. 그토록 힘들어도 버티고 아껴가며 자식들 모두 잘 키워놨는데 존경을 못 받을지언정 오히려 구태로 몰리고 있는 현실을 받아들일 수 없는 것뿐이다. 이들은 국가주의라는 괴물을 향수하는 게 아니라, 자신을 희생해 가족을 먹여 살렸던 그 시절의 청춘을 그리워할 뿐이다.

결국 새로운 보수가 이들을 껴안는 방법은 장년층이 걸어온 인생의 역사가 사회적으로 인정받을 수 있도록 문화를 만드는 일이다. 누차 말하지만 보수는 과거에서부터 내려온 전통과 유산을 존중한다. 장년층에게 배울 것들은 수없이 많다. 그들이 산업화 시대의 사람들이라고 해서 그들 전체를 국가주의 세력과 동일시해 매도하는 지금과 같은 분위기를 극복하지 않으면 새로운 보수는 태어나기 어렵다. 무엇보다 감정의 깊은 곳을 건드려 장년층을 선동하고 정치 세력화에 이용하는 구태 정치인부터 솎아낼 수 있어야 한다. 이 작업은 길고 지난하겠지만 반드시 겪지 않고선 지나갈 수 없는 일이다.

이와 달리 3040세대가 받아들이는 보수 담론은 정반대다. 이들은 고난의 한국 현대사를 책으로만 겪었다. 폐허를 딛고 한강의 기적을 거쳐 잘 사는 대한민국이 되어 가는 과정을 본 게 아니라, 이미 선진국 반열에 오른 대한민국에서 태어나고 자랐다. 역사가 만들어지는 과정보다는 현재의 결과만 보일 뿐이다. 그런데 그들 눈앞에 펼쳐진 결과는 매우 참담하다. 이를 잘 보여주는 영화가 〈내부자들〉이다.

"대중들은 개·돼지입니다. 적당한 먹을거리, 유흥거리만 던져주면 결국 따라올 겁니다." 영화 속 주인공인 조국일보 이강희(백윤식) 주필의 이 말은 영화 전반을 관통하는 핵심 주제를 잘 드러낸다. 정치와 기업, 언론으로 대표되는 한국 사회의 보수 권력자들이 대중을 어떻게 인식하는가에 대한 감독의 해석이다. 그리고 영화를 본 많은 사람이 이런 인식에 공감했다.

이강희는 언론의 최정점에 있는 인물이다. 보수신문 조국일보의 주필로서 한국 사회를 쥐락펴락한다. 고교 동창인 검사 출신 장필우(이경영) 변호사를 신정당 대권 후보로 만들었다. 장필우는 한때 조폭들을 일망타진하고 검사장까지 구속한 영웅 검사였다. 그러나 상부의 압력으로 옷을 벗고 평범한 변호사로 살았다. 이런 스토리를 잘 알고 있는 이강희는 그를 정치인으로 데뷔시키고 미래자동차 오 회장을 스폰서로 붙여준다. 그 후 이 세 명은 각각 기업과 정치, 언론을 대표해 온갖 악행을 저지른다.

영화는 이강희의 수족 노릇을 하다 배신당한 깡패 안상구(이병헌)가 죽을 고비를 넘기고 복수를 한다는 내용이다. 여기에 '빽'은 없지만 일말의 정의감이 남아 있는 검사 우장훈(조승우)이 가세해 대한민국을 움직이는 특권층의 비리를 시원하게 까발린다. 영화는 보수 기득권층이 우리 사회를 어떻게 쥐고 흔들어왔는지 적나라하게 묘사한다.

이에 더해 영화 개봉 전후 벌어진 실제 사건들은 〈내부자들〉의 이야기가 현실인 듯 착각하게 만들었다. 2013년 3월 박근혜 정권 출범 직후 법무부 차관의 '별장 성접대' 동영상은 세상을 발칵 뒤집었다. 영화 〈내부자들〉에서도 이를 연상하는 장면이 적나라하게 그려진다. 또 '민중은 개·돼지' 발언으로 물의를 일으켰던 고위 관료, 비리 의혹을 받았던 메이저 언론사 주필

등의 뉴스가 겹치며 영화에서 보인 기득권의 행태가 사실처럼 받아들여졌다. 물론 실제 현실이 영화에서 묘사한 것과 똑같진 않지만, 시민들은 그동안 이와 비슷한 행태를 너무도 많이 겪었다. 영화 속 이야기가 진짜라고 받아들이기에 전혀 무리가 없다.

그리고 이런 문제의식을 가졌던 이들의 다수는 청년층이었다. 보수에 대한 장년 세대의 인식이 〈국제시장〉이라면, 청년층은 〈내부자들〉을 먼저 떠올린다. 보수를 산업화와 근대화를 일으킨 주인공이라고 생각하기보다 현재의 잘못된 구조를 만든 기득권으로만 생각하고 있다. 앞서 국민이 이 사회에서 지켜야 할 전통과 유산이 없다고 느낄 때 보수는 그저 기득권층이 될 뿐이라고 설명한 것과 같은 논리다.

이런 인식의 차이는 매우 큰 문제를 불러온다. 두 세대가 비록 같은 공간 안에 살고는 있지만, 생각하는 방식과 행동 양식은 전혀 다른 세상 사람들로 여겨지기 때문이다. 특히 최근에는 편향된 뉴스 소비 행태로 서로 접하는 정보까지 다르다. 자신에게 익숙한 언론사의 뉴스만 보거나, SNS상에선 본인과 비슷한 부류의 '친구'와 관계를 맺고 살기에 이들은 서로가 '다른' 사실을 접하고 산다.

같은 사실의 뉴스를 보고 서로 다른 생각을 하게 되는 게 아니라 처음부터 다른 사실, 진실의 한 측면만 보고 세상을 바라본다. 오늘날 장년 세대와 청년층이 소통되지 않는 이유는 이 때문이다. 인식의 프레임이 다른 게 아니라 사실의 프레임이 다르다는 의미다. 이런 구조는 보수의 설 자리를 계속 좁게 만들고 있다.

한발 더 나아가 청년층은 장년 세대뿐 아니라 소위 '86'세대에 대한 반감도 크다. 보수만이 아니라 진보 성향이 강한 이들에게도 반감을 품는다는 이야기다. 이는 뒤에서 설명하겠지만 청년층에게는 보수와 진보 같은 구분보다는 지금 내가 당장 맞닥뜨리는 현실과 일상의 삶이 더욱 중요하다는 의미다.

그렇다면 청년들을 위해 보수는 무엇을 해야 할까. 의외로 그 답은 간단하다. 단지 실천하지 않고 있을 뿐이다. 그것은 누구나 자신이 노력한 만큼 보상받을 수 있는 공정한 사회를 만드는 일이다. '열정 페이'를 강요하는 사람도 없고, 조그만 권력이라도 가지면 '갑질'을 하는 소인들이 없는 세상을 건설해야 한다. 구체적인 방법에 대해선 뒤에서 다시 설명하겠지만, 꼭 한 가지 명심해야 할 것은 '정의로운 사회'를 구현해야 한다는 것이다. 뻔하고 케케묵은 이야기 같지만 진짜 우리 사회에 필요한 첫 번째 과제 중 하나다.

두 번째로 필요한 것은 잃어버린 정통성을 회복하는 일이다. 한 사회에서 어른으로 인정받으려면 아랫사람이 먼저 대접해 주길 바랄 게 아니라 스스로 모범을 보여야 한다. 이는 보수 정치인뿐만 아니라 보수를 지향하는 모든 어른이 해야할 일이다. 간단한 예를 들어보자. 경기도에 위치한 한 대학의 총장은 이런 하소연을 한다. "전철 타고 통학하는 학생들이 많은데 등교 시간에 노인들이 너무 많아 무거운 가방을 메고 두 시간씩 서서 옵니다. 대부분 무임승차 승객들인데 등하교와 출퇴근 시간만 피해주면 안 될까요?"

물론 모두에게 해당되는 이야기는 아니다. 그러나 이와 비슷한 일을 종종 목격한다. 일부의 이야기겠지만 전철 안에서 고성을 지르거나 대낮부터 거나하게 취한 어르신들이 가끔 있다. 출입문 앞에 줄 서 있는 사람들을 아랑곳하지 않고 새치기하는 분들도 있다. 바닥에 침을 뱉거나 코를 푸는 경우도 목격된다. 물론 일부의 이야기일 뿐이며 젊은이들 중에도 이런 행동을 하는 사람이 있을 수 있다. 하지만 어른이 어른으로 인정받기 위해선 젊은 사람들에게 모범을 보여야 한다. '윗물이 맑아야 아랫물이 맑다'는 말처럼 나이가 든다는 것은 그만큼 어깨에 짊어지는 도덕과 품격의 무게도 무거워진다는 의미다.

이와 관련해선 배우 이순재 선생의 이야기가 맘에 와닿는다. 2018년 4월 21일 조선일보 인터뷰다. "어른이라고 행세하려 해선 안 됩니다. 염치를 갖고 지킬 것을 지키면 어른 대접을 해주는 거죠. 전 누구에게든 강요하고 위세 부리는 걸 가장 경계합니다. 손해 보듯 살아야 좋은 인생인 거죠." 최고령 배우임에도 불구하고 누구보다 일에 열정적이며 후배들의 모범이 되는 배우다. 우리 사회에 이런 어른이 많아져야 보수가 건강해진다.

정치인은 일반인보다 더욱 잘해야 한다. 보수 정치의 리더는 나이가 적든 많든, 그 사회의 모범이 돼야 하기 때문이다. 보수가 지향하는 바가 대중으로부터 지지를 받기 위해선 이들의 신념과 철학이 정당성을 확보해야 한다. 그 핵심이 도덕성이다. 보수 정치가가 도덕적 정당성을 갖고 있지 않으면 이들의 이야기는 설득력을 얻기 힘들다. 보수는 전통과 유산을 지켜가는 책무를 안고 있는데, 그런 가치가 올바른 도덕적 토대 위에서 마련돼 있지 않다면 누구든 급진적인 개혁을 꿈꾸게 될 것이다. 그러므로 보수는 진보보다 도덕적 잣대에서 더욱 엄격해야 하고, 이들보다 윤리적이고 모범적인 삶을 살아야 한다. 그만큼 한 사회의 어른이 되고, 보수 정치인이 되는 것은 어려운 일이다.

3장

진보의 위선과 편견

1 / 진보 정치인들의 위선

유교적 전통과 공동체 이데올로기가 공고한 한국 사회에서는 발생론적 국가관보다 목적론적 국가관이 더 큰 위력을 발휘한다. 물론 목적론적 국가관이 나쁜 것은 아니다. 다만 필수조건이 있다. 아리스토텔레스의 표현대로 '탁월한 정치인'이 리더여야 한다. 국가에 '선한 의도'라는 인격을 부여하는 순간 통치자에게 지나친 권력이 집중되기 때문이다. 통치자의 철학과 역량에 따라 '선한 의도'가 다른 누군가에겐 압제와 폭력이 될 수 있다.

아리스토텔레스는 플라톤의 철인까지는 아니어도 '정의'와 '절제' 같은 정치가의 공적 역량이 시민보다 월등해야만 국가를 선한 방향으로 이끌 수 있다고 강조했다. 조선의 사대부가 끊임없는 자기수양을 통해 수신제가(修身齊家)에 힘쓴 것도, 어린 왕세자를 경연을 통해 성군으로 길러내려 한 것도 같은 이유였다.[29]

그러나 국가의 선한 의도를 강조하는 한국의 진보 세력은 정부의 광범위한 개입을 강조[30]하면서도, 정작 정치인에게 필요한 공적 역량과 윤리 의식은 부족하다. 정의의 기준부터 옳고 그름이 아니라 '자기편이냐 아니냐'에 놓여 있다. 상대 정파의 조그만 흠집까지 적폐로 몰 때는 언제고, 자기편에서 드러난 각종 편법과 범죄 의혹에 대해선 눈감는다.

---

29 조선은 사대부의 나라다. 정도전이 조선을 설계할 때부터 그랬다. 왕은 복불복이기 때문에 왕권이 너무 강하면 나라의 앞날이 어찌 될지 모른다. 그러나 신료들은 경쟁을 통해 우수한 사람들이 관직에 오르게 되므로 이 같은 불확실성을 줄일 수 있다고 봤다. 아울러 왕이 되기 전, 그러니까 왕자가 어릴 때부터 열심히 성리학을 가르치면 훗날 좋은 왕이 될 거라고 믿었다. 대표적인 사람이 세종이다. 역대 임금 중 유일하게 '성인(聖人, saint)'이란 뜻의 '성군(聖君)'으로 추앙받는 세종은 어질고 인자한 것도 모자라 똑똑하기까지 했다. 많은 역사가는 그의 역량이 학습을 통해 길러진 것이라고 생각한다. 임금과 신하가 함께 공부하는 '경연' 횟수만 봐도 알 수 있다. 선대인 태종 때는 재위 기간 18년 동안 60여 회에 불과했지만, 세종은 32년간 1898회나 진행했다. 세종은 성리학뿐 아니라 천문, 지리, 역법에도 통달해 집현전 학사들을 가르치기도 했다. 하지만 세종이 이렇게 학식이 두터울 수 있던 건 아이러니하게도 왕권에 뜻이 없었기 때문이다. 그는 1418년 8월 태종의 뒤를 이어 조선의 4대 임금으로 즉위했지만 원래는 왕세자가 아니었다. 그가 왕세자로 책봉된 건 즉위하기 불과 두 달 전인 6월의 일이었다. 충녕은 자신이 6살 때 세자로 책봉된 큰 형이 있었기에 일찌감치 왕권에 대한 욕심을 버렸다. 특히 태종이 왕권을 얻기 위해 무자비한 살육을 벌였던 것을 익히 잘 알고 있었기에 섣부른 야망을 품지 못했다. 그 때문인지 둘째 형인 효령도 권력과는 거리가 먼 종교 활동에 매진했다. 그 덕분에 충녕은 오롯이 학문에 힘을 쏟을 수 있었다. 성인이 될 때까지 권력 관계에서 오는 중압감에서 자유로울 수 있었고 오직 공부에만 충실할 수 있던 것이다. 유학의 경전인《사서삼경》은 물론이거니와 농업, 과학 등 다양한 분야의 책도 고루 읽었다. 질문이 많아 스승을 귀찮게 하는 경우도 다반사였다. 임금이 된 후에도 마찬가지였다. 사실 통치자로서의 수업을 전혀 받지 못한 채 임금에 올랐기 때문에 세종은 늘 신하들의 의견에 귀를 기울였다. 궁금한 것은 찾아보고 물어보며 공부를 게을리 하지 않았다. 1만 800여 쪽에 달하는《세종실록》에서 세종의 표현 중 가장 많이 나오는 말 중 하나는 "경들은 어찌 생각하시오"다. 국가의 중대사를 논할 때도, 집현전 학사들과 격의 없는 논쟁을 벌일 때도 세종은 가장 먼저 신하들에게 질문을 던졌다. 박현모 세종리더십연구소장의 분석에 따르면 세종의 의사결정은 회의를 통한 것이 63%, 명령이 29%였다. 반면 그의 아들인 세조는 명령이 75.3%, 회의가 20.9%였다. 세종은 전분 6등법과 연분 9등법으로 나눈 토지조세 제도를 실행하기에 앞서 무려 17년 동안 일반 백성 16만 명의 의견을 조사하기도 했다.
30 "지옥으로 가는 길은 선한 길로 포장돼 있다"는 프리드리히 하이에크의 말처럼 경제적 자유주의자들은 정부의 개입과 국가 권력의 확대를 경계한다. 예를 들어 좌파 정부가 복지 포퓰리즘을 시행하면 결과적으로 시민들의 호주머니에서 돈을 털어가야 하고, 장기적으로는 확장 재정을 통해 국채가 남발돼 인플레이션을 동반할 수밖에 없다.

공사를 구분하는 절제의 역량도 부족하다. 공화국(republic)은 라틴어 '공적인 것(res publica)'에서 유래했다. 공화국의 리더는 공공의 임무에 투철하고 모범을 보여야 한다. 조국의 위선적 행태나, 자신은 다주택자이면서 남들에게 집을 팔라고 하며(노영민 당시 청와대 비서실장), 투기세력을 비판해 놓곤 재건축에 투자하면서(김의겸 당시 청와대 대변인) 정당성을 잃었다.

몇 년 전 논란이 된 더불어민주당 지자체장들의 위계에 의한 성폭력 사건도 시민이 부여한 공적 권한을 자신의 욕구를 채우는 데에 불법적으로 사용했다. 그런데도 민주당은 마치 이들을 옹호하는 듯한 모습을 보였다. "맑은 분이라 세상을 하직"(박범계 더불어민주당 의원), "너무 도덕적으로 살려 하면 사고 나"(유인태 전 국회 사무총장) 같은 미화 발언이 진실을 은폐하고 피해자의 인권을 짓밟았다. 내 편이면 무조건 감싸주는 이들 특유의 '내로남불' 정의가 적용된 것이다.

문명의 발전과 함께 아리스토텔레스식 국가관이 사회계약론으로 발전한 것은 통치자의 역량에 온 사회를 맡기는 것에 대한 기회비용이 너무 크기 때문이다. 역사에는 언제나 세종과 같은 성군만 있는 게 아니다.[31] 설령 최고 권력자가 높은 수준의 정의와 절제 역량을 갖고 있다 하더라도 그를 보좌하는 정치인까지 같다고 볼 수는 없다.

---

31 정도전이 조선을 사대부의 나라로 설계한 이유다. 선발과 경쟁을 통해 관직에 오르는 사대부는 항상 유능한 자원을 확보할 수 있지만, 임금은 복불복이기 때문에 어린 시절부터 세자교육을 통해 군자로 만드는 데에 힘썼다.

사회계약론이 등장한 것도 이런 오류를 줄이기 위해서였다. '국가＝필요악'이고 개인을 권력의 주체라고 가정하면, 정치인은 시민의 권한을 위임받은 대리인일 뿐이다. 시민은 주기적으로 대표를 교체하고 일상에서 비판적으로 정치인을 견제한다. 이렇게 하면 권력자의 복불복 문제도 해결되며, 시민의 권리를 침해하는 국가의 횡포도 방지할 수 있다. 이것이 바로 앞서 살펴본 로크(국민주권)와 몽테스키외(삼권분립) 이론의 요체다.

그러나 문재인 정권 이후 민주당은 대의민주주의의 틀을 근본에서부터 무너뜨렸다. 다수표를 획득했다는 이유로 상대 정파를 무시하고 횡포를 일삼는다. 최장집 고려대 명예교수는 "다원적 체제인 대의민주주의 대신 직접민주주의를 진정한 민주주의로 이해하고, 모든 인민을 다수의 '총의(總意)'에 복종하도록 강요하는 전체주의와 동일하다"고 지적한다.[32]

이들은 권력을 사유화해 자신의 이권과 계파를 지키는 데에 사용하고, 포퓰리즘과 선동으로 의회를 무력화한다. 끝내는 검찰과 법원까지 장악해 삼권분립을 허물려 한다. 이 같은 행태는 이재명 민주당에 이르러 더욱 노골적이고 대담해졌다.

말로는 평등을 외치고 시장의 논리를 반대하면서, 실제 삶에선 세속주

---

[32] 최장집(2019). '한국 민주주의의 공고화, 위기, 그리고 새 정치질서를 위한 대안'. "김대중 학술회의 기조강연".

의와 물질주의에 경도된 좌파도 많다. 대표적인 이들이 '강남좌파'다.[33] 강남좌파는 강준만(전북대 명예교수)의 정의대로 "정치적·이념적으로는 좌파지만 소득수준과 라이프스타일은 강남 주민 같은 사람"을 뜻한다.[34] 부동산 가격 폭등이 있던 문재인 정부에서 특히 이런 이들을 많이 목격했다. 투기를 비판하면서 뒤에선 그 이익을 가장 먼저 챙기는 정권 실세들이 많았다. 특히 86정치인들의 다수는 평등과 반미를 외치면서 누구보다 자본주의적 욕망에 충실하고 친미적인 삶을 살았다.

이들은 강남좌파에만 머물지 않고 브라만좌파가 되려고도 한다. 프랑스의 경제학자 토마 피케티(Thomas Piketty)는 "학력 엘리트인 브라만좌파가 자산 엘리트인 상인우파와 결탁해 불평등을 심화시키고 양극화 구조를 공고히 한다"고 말한다. "좌파 엘리트가 부를 재분배하고 서민층을 대변하는 원래 역할을 하지 않는다"는 것이다.[35] 다시 말해 자신의 물질적 욕망을 좇는 데 그치지 않고, 학력과 주거지로 구분되는 계급 차별의 울타리를 높이면서 세습을 통해 계층 이동의 희망사다리를 차버리고 있다는 뜻이다. 결국 브라만좌파와 상인우파 모두 기득권이고, 이들이 서로의 권력을 놓지 않기 위해 싸우는 사이 다수의 사람이 소외된다는 게 피케티의 주장이다.[36]

---

33 미국에선 리무진좌파, 영국에선 샴페인사회주의자, 프랑스에선 캐비어좌파 등으로 불린다. 원래는 말과 행동이 다른 위선적 진보를 칭하는 말이었는데, 최근에는 교육을 통해 사회적 지위를 세습하는 '브라만좌파'로 확대됐다. 교수 등 고학력 지식인이 많고 노동 등 민생 이슈보다 이념적 이슈를 강조한다.
34 강준만(2011), 《강남좌파》, 인물과사상사.
35 토마 피케티(2020), 《자본과 이데올로기》, 문학동네.
36 피케티는 1789년 프랑스혁명 이전의 구체제를 지배계급인 사제와 귀족, 피지배계급인 평민으로 이뤄진 '삼원사회'로 명명했다. 현대사회도 사제에 해당하는 학력 엘리트(브라만좌파)와 귀족에 해당하는 자산 엘리트(상인우파)가 기득권을 나눠 갖고 불평등 구조를 심화시킨다는 게 피케티의 주장이다.

한국에선 강남좌파의 원조인 조국과 장하성이 대표적인 브라만좌파다. 두 사람 모두 좋은 집안에서 태어나 막대한 자산을 축적했다. 각각 미국의 버클리와 펜실베이니아 대학에서 공부했고, 유명 대학(서울대·고려대) 교수 출신이라는 뛰어난 스펙도 갖췄다. 문재인 정부의 실세로 부와 명예는 물론 권력까지 거머쥐었다.[37]

학력을 통해 사회적 지위를 세습하는 진보 인사들의 이중성은 조국만의 일이 아니다. 유시민과 전·현직 교육감인 곽노현·조희연·김승환 등은 외국어고·자사고 폐지를 외치면서 정작 자신들의 자녀는 외고를 나왔다. 평등 교육을 강조해온 김상곤 전 교육부 장관의 세 딸은 강남의 학교를 나왔다. 반미·반일을 외쳤던 이인영·윤미향 등 여권 인사들은 학비가 비싼 스위스·미국 등지에 자녀를 대거 유학 보냈다.

진보 세력이 정치, 검찰, 언론, 재벌 등 각 분야의 개혁에 소리 높이면서도 학벌 타파에 관심이 적은 이유는 그들의 가장 큰 권력이 학연이기 때문이다. 학연으로 맺어진 80년대 민주화운동과 90년대 시민운동의 주도자들은 대부분 누구누구의 친구이거나 선후배로 강력한 결속력을 보인다. 이철

---

37 두 사람은 단순히 '내로남불'에만 그치지 않고, 계층의 장벽까지 쌓는 모습을 보였다. 장하성은 청와대 정책실장 시절인 2018년 9월 "모든 국민이 강남에 살 이유는 없다. 저도 강남에 살기에 드리는 말씀"이라고 말해 논란을 일으켰다. 3년간 그의 잠실 아파트는 10억 원이 넘게 올랐고, 여론은 '왜 당신만 강남에 살아야 하느냐'며 싸늘한 반응을 보였다. 조국의 '가·붕·개' 발언도 비슷한 맥락이다. 조국은 과거 트위터에서 "모두가 용이 될 수 없으며 그럴 필요도 없다, 용이 되지 않고 개천에서 가재·붕어·개구리로 살아도 행복한 세상을 만들자"고 했다. 그러나 자녀들의 입시 편법 논란 이후 본인의 아들딸만 용으로 만들려 한 것 아니냐는 비판을 받았다. 고교생이 SCI급 의학논문의 저자가 되는 것은 부모가 학력 엘리트가 아니었다면 불가능한 일이기 때문이다.

승 서강대 사회학과 교수의 지적처럼 86세대가 학연·지연·혈연의 네트워크를 가로지르는 '연대'의 원리를 터득해 시민사회와 국가를 점유하고 위계구조의 상층을 '과잉 점유'했다.[38]

---

38 이철승(2019). 《불평등의 세대》. 문학과 지성사.

2 / 기득권이 된 86정치인들

오랫동안 한국을 연구해온 일본 지식인 오구라 기조(小倉 紀蔵) 일본 교토대 교수는 2017년 《한국은 하나의 철학이다》(모시는 사람들)라는 책에서 조선의 지배계급을 세 가지로 구분했다. 바로 선비, 사대부, 양반이다. 흔히 우리는 이들을 구분 없이 하나로 통칭해 부르지만, 그의 정의에 따르면 각자의 개념은 조금씩 다르다. 결론부터 말하자면 선비와 사대부까지는 좋은 의미로 쓰인다. 그러나 양반에 이르러서는 매우 부정적 어감이 덧칠된다.

선비는 플라톤의 철학에 비유하면 철인(哲人)과 같은 사람이다. 성리학에서 군자는 '수신제가 치국평천하(修身齊家 治國平天下)'를 할 수 있는 인물이다. 공자와 맹자로 대표되는 유가 사상은 군자가 무엇이며, 군자는 어떻게 행동해야 하는가를 규정해 놓은 교과서와 같다. 이를 가장 잘 보여주는 《대학》의 한 구절을 살펴보자.

'사물의 본질을 꿰뚫은 후에야 깨닫게 된다. 깨닫게 되면 그 뜻이 성실해진다. 성실해진 후에 마음이 바르게 된다. 마음이 바르게 된 후에 몸이 닦인다. 몸이 닦인 후에야 집안이 바르게 선다. 집안이 바르게 서야 나라가 다스려진다. 나라가 다스려진다면 비로소 천하가 태평해진다. 일개 서민부터 천자에 이르기까지 모두 몸을 닦는 것이 근본인 이유다.'

처음에 도덕과 윤리의 관점에서 시작한 유가는 춘추전국시대의 혼란을 겪으며 통치철학으로 자리 잡았다. 이후 송·명나라 학자들에 의해 다듬어진 성리학은 조선에 이르러 나라의 근간이 됐다. 특히 당시 조선의 건국세력인 신진사대부가 성리학의 애민(愛民)과 역성혁명론을 철학의 기본으로 삼으며 유가는 곧 오늘날의 헌법과 같은 역할을 맡았다.

이때 선비는 곧 군자를 뜻한다. 앞서 말한 철인이다. 성리학적 인간관을 정신과 육체의 모든 측면에서 실천하는 사람이다. 부패하기 쉬운 권력과 부를 멀리하며 학문에 몰두해 도덕적 이상을 실현하려는 사람이다. 거칠게 말하면 고려 후기 정몽주와 정도전이 처음에는 의기투합하다 갈등으로 이어졌던 역사의 노정에서, 정몽주가 보여줬던 원칙과 이상을 강조하는 태도가 선비의 본연적인 모습이라고 볼 수 있다.

그러나 선비만으로는 어지러운 세상을 해결할 방법이 없다. 난세를 헤쳐 나가기 위해선 성리학적 이상을 현실적 실천으로 이끌어내는 사람이 필요하다. 그게 바로 사대부다. 정도전처럼 성리학적 세계관을 바탕으로 현실 세계에 참여해 국가를 경영하는 관료, 그리고 이것의 이론적 원리를 제공하는 지식인이 사대부다. 조선시대에 사대부는 한 개인이 아닌 집단으로서 왕보다 더 큰 권력을 갖고 있었다. 여기서 권력의 원천은 성리학적 세계관을 지행합일(知行合一)로 이끌어낸다는 명분이었다. 지나친 탐욕과 부를 경계해야만 그 명분이 인정받았다.

끝으로 양반은 무엇인가. 바로 타락한 사대부다. 조선 중기 이후로 넘어가며 오블리주는 없고 노블레스만 내세우는, 백성을 수탈하고 자기 욕심만 채우려 했던 이들이다. 학문적 성취는 커녕 권력과 부에만 신경 썼고, 어렵고 힘든 백성의 보혈을 쪽쪽 빨아 먹었다.

86정치인들의 세계관도 조선 중기 이후 이런 양반의 이미지와 비슷하다. 민주화 운동을 할 때는 나름의 이상과 개혁 정신으로 세상을 바꿔보려 했을지 모르나, 지금은 그저 백성을 괴롭히고 사리사욕을 채우는 부패한 양반과 다르지 않다. 부동산과 주식, 코인 등 물질적 욕망을 채우는 것이 마치 큰 죄라도 된 것처럼 주장하고 단죄하려 하지만, 정작 그들은 누구보다 재빠르게 자신의 이익을 챙기려는 모습을 보인다. "내가 강남 살아봐서 아는데 모두가 강남 살 필요 없다"거나 가재, 붕어, 개구리를 이야기하며 자신의 자녀는 용으로 만들고 싶어 했던 이중적 욕망이 탐욕스러운 양반의 모습과 쏙 빼닮았다.

여기서 더욱 우려스러운 점은 선비·사대부와는 거리가 멀고 양반 같은 사고방식과 처세를 갖고 사는 86정치인들에게는 성리학이 매우 위험하다는 점이다. 왜 그런가. 앞서 '수신제가 치국평천하'라는 말처럼 성리학에선 군자만이 훌륭한 통치자가 될 수 있다. 왕의 재목을 키워 어릴 때부터 경연을 통해 성군으로 만들려 했던 것도 이 때문이다. 이를 단적으로 보여주는 표현이 바로 군사부일체(君師父一體)다. 왕은 단순한 최고 권력자가 아니라 도덕과 윤리적 가치의 기준이 되는 어버이다.

이것이 무엇을 의미하느냐. 조선은 정교일치 사회였다는 뜻이다. 왕과 제사장의 권력이 나뉘어 있던 서구와 달리 동아시아는 정치과 종교 권력이 오랫동안 하나로 묶여 있었다. 소중화(小中華) 사상으로 중국보다 더 유교적인 관습과 문화를 내세웠던 조선은 이런 관념이 더욱 강했다. 실제로 조선 사회에서는 성리학을 유교라고 불렀던 것처럼, 성리학은 단순한 통치철학이 아니라 일상을 관장하는 종교의 역할도 했다. 관혼상제와 같은 게 대표적이다.

성리학, 즉 유교가 종교 역할까지 하게 된 것은 억불 정책과 관련이 깊다. 알다시피 고려의 국교는 불교였다. 왕가에서 민간에 이르기까지 불교가 널리 퍼져 있었고 오늘날에도 많은 유적이 남아 있다. 하지만 사대부들에게 조선은 부패한 고려를 딛고 일어서는 새로운 유토피아였다. 그렇기 때문에 국교인 불교를 억압할 수밖에 없었다. 물론 백성들의 민간 신앙까지 모두 뿌리 뽑을 순 없었지만, 유교는 어느새 조선의 명실상부한 국교가 돼버렸다.

어찌 보면 정치 리더를 신성시하고 종교적인 팬덤의 양상을 보이는 것은 이와 같은 유교적 세계관에 빠져 있기 때문일지 모른다. 조선에서 가뭄이 계속되면 왕이 기우제를 지내듯, 최고 권력자는 가장 높은 제사장의 역할을 했다. 21세기 현대 사회에서도 최고 권력자에게 그런 역할을 기대하는 것일지 모른다. 일찌감치 정치과 종교가 분리된 서구 사회의 눈으로는 이해하기 힘든 광경이다.

3 / 운동권의 유교적 DNA

함재봉 전 아산정책연구원장은 한국경제신문과의 인터뷰에서 "한국의 좌파는 유교적 이념과 민족주의가 강하게 뒷받침하고 있는 그룹"이라고 말했다. 그는 특히 "시장과 돈을 천시하고 근검절약을 미덕으로 여기며, 가난하지만 평등하게 서로 나누는 작은 공동체를 좋아하는 건 주자학적 이상을 내재화하고 있기 때문"이라고 말했다."[39]

이번 장에서 가장 하고 싶은 말이다. 그의 설명대로 86정치인들은 민

---

39 한국경제. 2018. 3. 25. '86 세대와 박정희 세대 갈등… 한국사회 시스템에 대한 합의 필요'.

족주의적 성향과 유교적 습성이 깊이 박혀 있다. 다만 동의할 수 없는 것은 이들이 시장과 돈을 천시한다는 점이다. 86세대 집권세력이 부동산 투기로 수십억씩 이익을 챙긴 사실은 모두가 다 안다. 물욕에도 밝아 정치와 시민운동을 비즈니스로 여기는 이들도 다수다.

86정치인들은 유교를 교조적 이념으로서 받아들였다. 80년대 운동권을 경험했던 사람들은 당시 학생회가 겉으론 평등해 보이지만 내부에선 군신관계와 같은 엄격한 권력 질서를 형성하고 있었다는 점을 기억한다. 아울러 여성과 소수자 인권 등의 이슈는 '반미', '통일' 같은 대의에 밀려 뒷전이 되기 일쑤였다.

고 박원순 전 서울시장 사건 때 피해자의 목소리가 무시되고, 86정치인들이 그의 업적을 미화하며 2차 가해를 벌인 사실을 되새겨 보자. 피해자를 피해호소인이라 부르고, 미투에 목청 높이던 여성 정치인들은 입을 다물기 바빴다. 주무부처인 여성가족부는 적시에 입장을 내놓지 않아 '여당가족부'라는 비판도 받았다.

당시 대통령인 문재인 역시 침묵했다. 페미니즘에 우호적인 대통령이라고 알려진 것과 달리 그의 입은 굳게 다물어져 있었다. 한때 여당의 2중대 소리까지 듣던 정의당마저 "피해자는 용기 내 고발했으나 또다시 위력과의 싸움을 마주하고 있다. 2차 가해가 난무한 상황에서 대통령은 누구 곁에 설

것인지 명확히 입장을 낼 것을 촉구한다. 외면과 회피는 대통령의 책임 있는 모습이 결코 아니다"고 비판했다.

CNN 방송도 이를 비판한 바 있다. 한국인 기자가 쓴 기사에서 "한국 대통령은 스스로 페미니스트라고 말했다, 그의 세 정치적 동반자들은 성범죄로 고발됐다"며 "문재인이 박원순의 죽음과 피해자, 심지어 좀 더 넓은 의미의 젠더 이슈에 대해서도 언급조차 하지 않고 있다, 세 명의 유력 정치인 고발 사건에 모두 침묵을 지키고 있다"고 보도했다.[40]

보편적 인권을 강조한다면서 자신들에게 불리한 상황에 놓이면 인권을 경시하는 위선적 의식은 우리 편은 잘못해도 감싸준다는 내로남불로 나타난다. 86정치인들이 목 놓아 부르짖었던 정의는 결국 모두에게 공평한 공정으로서의 정의가 아니라 우리 사람이 먼저인 이해득실이었던 셈이다. 이런 왜곡된 정의관은 이들이 한때 민주화를 위해 물불을 가리지 않았던 1980년대에 형성된 것이라고 본다. 젊은 시절의 강렬했던 경험이 기성세대가 된 현재의 의식까지 지배하고 있는 것이다.

1980년대에는 절대악이 존재했다. 군사독재와 싸우는 운동권은 마치 영화 어벤져스의 히어로처럼 정의의 화신이 된 것처럼 느껴졌다. 선과 악의

---

40 CNN. 2020. 8. 16.

건곤일척 싸움이었으며, 총칼을 앞세운 공권력에 대항할 수 있는 건 이상의 연대였다. 이를 실현하기 위해 자의적으로, 또는 부득이하게 운동권 지도부는 86정치인들의 '선민의식'을 운동에 참여했던 학생들에게 세뇌했다.

　이렇게 보면 일본과 문제가 생길 때마다 반일이 아니면 모두 친일로 몰아세운 것도 이해된다. 2020년 의사 파업을 앞두고 문재인이 의사와 간호사를 갈라치기 하는 듯 말을 한 것도 수긍이 간다. 세상을 선과 악, 흑과 백 둘로 나누고 우리 편은 좋은 사람, 남의 편은 나쁜 사람으로 매도하는 것 그 이상도 이하도 아니다.

4 / 말로는 진보, 행동은 기득권

드라마로도 제작돼 큰 화제를 모은 웹툰 〈미생〉은 청년들이 겪고 있는 일상의 문제들을 적나라하게 보여줬다. 바둑 기사를 꿈꿨다 실패한 주인공 장그래는 평범한 회사원이 되어 하루하루를 살아간다. 그러나 '평범하다'는 것은 매우 어려운 일이다. 인턴으로 시작해 고학력과 높은 스펙을 두루 갖춘 동기들 사이에서 살아남는 것은 매일이 경쟁의 연속이었다.

실제로 지금의 청년세대는 걷기 시작한 후부터 지금까지 평생을 경쟁 속에 살아왔다. 유치원에 들어가기도 전부터 학원에서 영어를 배우고, 초등학교에선 중학교 과정을 선행학습 한다. 고등학교에선 내신 점수를 잘 받기 위해 좁은 교실 안에서 옆 친구와 경쟁을 벌인다. 대학에 가서는 학점과 스펙 쌓기로 경쟁이 더욱 치열해진다. 취업하기 위해 어학연수, 해외봉사, 각종 수상경험, 토익 고득점까지 무엇 하나도 내려놓을 수 없다.

그럼에도 취업은 하늘의 별 따기다. 어렵게 직장에 들어갔지만 그들을 기다리는 것은 수직적인 조직문화와 자신의 열정과 재능을 고갈시키는 것만 같은 못된 상사들의 파렴치함뿐이다. 〈미생〉은 한국 사회의 청년이 겪고 있는 문제를 담담하면서도 적나라하게 보여줬다. 그 안에서 장그래와 같은 대다수 청춘은 '완생'이 되기 위해 발버둥 쳤다.

앞서 살펴본 장년층, 즉 '태극기'로 불리는 장년세대는 청년들에겐 오히려 먼 이야기다. 이들은 이미 오래전에 은퇴했고, 자신들의 삶의 반경에서 동떨어져 있는 '외부자들'이기 때문이다. 그들이 제 아무리 광화문 광장에 모여 시위를 벌여도 그저 남의 나라 이야기일 뿐이다.

하지만 바로 그 아래 세대인 중년층은 다르다. 20~30대의 부모 세대로 자신들에게 지대한 영향력을 끼친다. 사회에선 기업과 대학 등 온갖 조직의 관리자로 의사결정의 상층부를 이루고 있다. 상대적으로 높은 연봉을 받고 있으며 최근엔 정년까지 늘어나면서 청년층의 일자리를 뺏고 있다고 생각한다. 청년들의 아이디어는 쏙쏙 빼먹으면서 '열정페이'를 강요한다고 여긴다. 그러면서 '꼰대'처럼 잔소리하거나 '힘내라', '아프니까 청춘이다' 식의 울림 없는 조언만 하고 있다.

특히 그들은 일상에서 쉼 없이 과거의 운동 경력을 자랑한다. 독재와 싸우며 민주화를 쟁취해 냈다고 말이다. 그러면서 진보 정치인이 만들어내는 독재와 반독재의 프레임을 민주화된 지 30년이 지난 지금까지 써먹고 있다. 정작 기업과 조직에서 자신이 독재자의 위치에 있다는 것은 모른 채 말이다. 그러면서 '청년들에게 패기가 없다', '노력을 안 한다', '우리 때는 안 그랬다'고 말한다.

지금의 청년층은 과거의 어느 세대보다 높은 학력과 스펙을 갖추고 있지만 취업하는 것조차 녹록지 않다. 이런 그들에게 '86세대'는 점점 원망의 대상이 되어가고 있다. 상대적으로 지금보다 대학 입학도 수월했고, 학창시절 이렇게까지 공부를 하지 않아도 취업할 수 있었다. 또 노력한 만큼 성취할 기회도 많았다. 쉽게 대기업에 들어갔고, 대학교수가 되는 것도 지금만큼 어렵지 않았다. 또 이들이 열심히 돈을 모아 구입한 아파트는 몇 배가 뛰었다.

그렇다 보니 청년들에게 지금 '86세대'는 사회의 온갖 기득권을 다 꿰차고 있는 것처럼 보인다. 청년들은 너무 높은 집값에 아예 '내 집 장만'을 포기했다. 이런 현실의 벽 앞에서 청년들이 내몰리는 것은 '욜로(YOLO)', '소확행' 같은 것들이다. 공고한 현실의 벽에 부딪혀 더 높고 큰 꿈을 꾸는 법 자체를 잃어가고 있다.

이런 상황인데도 '86세대'는 이미 높은 성벽 위에 올라가 사다리를 걷어차려고 한다. 청년 임대아파트 건설을 거부하고 집값을 담합해 떨어뜨리지 않겠다고 버틴다. 청년들의 눈에 이런 행동이 어떻게 비칠까. 그들이 사회에서 힘이 없다고 문제를 인식하고 잘못을 파악하는 능력마저 없다고 생각하는 걸까. 청년층에겐 권위주의 세력뿐만이 아니라 계층 이동이 가능한 희망 사다리를 부숴버린 '86세대'가 오히려 피부에 와닿는 '내부자들'이다.

이는 스스로 말은 진보라고 생각하면서 행동은 보수로 일관하는, 아니 기득권은 내려놓지 않으면서 생각만 진보를 표방하는 모순된 '86세대'에 대한 비판이다. 기성세대와 청년층이 '제로섬 게임'의 대결 구도로 비쳐선 안 되겠지만, 기성세대가 내려놓고 양보해야 할 것들은 분명히 있다.

청년 임대주택과 같은 문제가 그렇다. 해당 지역의 주민 입장에선 청년 임대주택 건설로 집값이 내려갈 것이란 우려를 한다. 심지어는 주민협의회 명의로 '동네가 슬럼화될 것이므로 무조건 반대해야 한다'는 결의를 다진 곳도 있다. 같은 이유로 장애 학생들을 위한 특수학교를 반대하는 경우도 많았다. 심지어 해당 지역의 국회의원은 특수학교 자리에 한방병원을 짓겠다는 공약을 해 당선되기도 했다.

모두가 이런저런 이유를 대며 청년과 사회적 약자를 위한 시설을 반대한다면 우리 사회는 어떻게 돌아가겠는가. 이런 문제를 해결하는 것도 보수 정치의 몫이다. 그런데 시민의 욕망을 설득하고 바른 방향으로 이끌어야 할 정치인들은 오히려 표심을 얻기 위해 경거망동한다. 이래서는 보수 정치도, 대한민국도 바로 설 수 없다. '86세대'와 청년세대의 이야기는 보수 정치와는 조금 결이 다른 것이었지만 이 역시 보수 정치가 해결해야 할 문제라는 점에선 생각해볼 만한 가치가 충분히 있다.

4장

한국 정치의 문제

1 / 진영 논리와 반지성주의

'반지성주의'는 논리와 이성이 통하지 않는 세태를 말한다. 1964년 퓰리처상을 받은 미국의 역사학자 리처드 호프스태터(Richard Hofstadter)는 1950년대 미국의 매카시즘(McCarthyism)을 예로 들며 합리적 사고와 이성적 판단을 마비시키는 반지성주의가 미국 사회를 어떻게 나락으로 떨어뜨리는지 분석했다. 반지성주의는 상식과 이성을 무너뜨리고, 가짜뉴스가 팩트와 진실을 대체한다.

지금 우리가 그렇다. 부정선거 등 각종 음모론에 휘둘리는 여론과 이를 부추기며 확대 재생산하는 정치가 합리적 사고를 못 하도록 지성을 망가뜨린다. 이들은 제일 먼저 지식인과 전문가 집단을 공격한다. 호프스태터의 표현대로 "중요한 결정을 내리거나 관리하는 권한에서 전문성과 지성을 완전히 배제하고, 반대 세력을 국민의 이익에 반하는 기득권 세력으로 악마화"한다.[41] 중국의 문화대혁명이나 캄보디아의 크메르 루즈(Khmer Rouge)[42]처럼 비판적 지식인을 탄압해 권력을 강화하는 일이 다반사다.

반지성주의를 악용하는 정치집단은 대중의 우민화를 목표로 삼는다. 확증편향과 가짜뉴스, 음모론 등을 동원해 진영 논리를 강화하고 적대적 공생을 추구한다. 반지성주의자의 우두머리는 자신의 말을 무조건 믿게 만들어 '사슴을 가리켜 말이라 불러도' 믿게 만든다. 이런 일이 계속되면 미국의 유명 역사학자 티머시 스나이더(Timothy Snyder)의 표현처럼 "사실보다 거짓을 진짜로 여기는 세뇌된 대중"으로 전락한다.

대한민국 사회가 그렇게 흘러가고 있다. 어림잡아 좌우 극단에 선 30%의 대중은 이런 상황에 놓여 있다. 보수 진영을 예로 들어보자. 대표적인 게 부정선거 음모론이다. 처음 이런 부류의 주장을 내세운 것은 김어준이다. 2012년 선거에서 문재인 후보가 패배한 뒤 본격적으로 음모론을 제기했다. 그러다 박근혜 전 대통령이 탄핵되고 민주당 정권이 들어서며 김어준의 부

---

41 리처드 호프스태터(1963). 《미국의 반지성주의》. 교유서가.
42 1967년 캄보디아에서 결성된 크메르 루즈는 1975년 프놈펜을 장악해 정권을 획득했다. 폴 포트(Pol Pot)가 통치했던 크메르 루즈는 잔혹한 폭력으로 온 사회를 공포에 떨게 했다. 150만 명 이상의 캄보디아인이 학살됐고 지식인과 언론인 등을 탄압했다. 훗날 〈킬링 필드(The Killing Fields)〉라는 영화로 제작돼 전 세계에 알려졌다.

정선거 음모론은 쏙 들어갔다. 이후 민주당은 각종 선거에서 압승했기 때문이다.

반면 연이은 선거 참패로 쪼그라든 보수 지형을 받아들이기 힘든 대중의 마음 속을 일부 정치인과 유튜버들이 파고들었다. 이들에게는 부정선거 음모론이 일종의 비즈니스다. 논리는 김어준과 다를 바 없다. 김어준이 음모론으로 돈을 벌고 가짜뉴스로 자신의 영향력을 키웠듯, 지금은 극우 유튜버와 정치인 등이 같은 방식으로 장사를 하며 정치 생명을 이어가는 중이다.

물론 '반지성주의'는 한국만의 독특한 현상이 아니다. 정치의 반지성주의화는 다른 여러 나라에서도 공통적으로 일어나고 있다. 반지성주의를 등에 업고 미국의 트럼프, 프랑스의 르펜, 그리스의 치프라스 같은 이들이 권력을 얻었다. 이런 일이 벌어지는 이유는 뭘까. 불평등의 확대로 계급·세대 간 갈등이 더욱 첨예해지고, 누구나 손쉽게 의사 표명이 가능한 디지털 환경이 이를 부추기고 있기 때문이다.

2000년대 이후 인터넷과 SNS를 활용한 개인의 정치 참여가 많아지면서 민주주의는 오히려 중우정치의 가능성이 더욱 커졌다. 온라인 공간에서 개인은 익명성 뒤에 숨어 정제되지 않은 정보를 교류하고 절제 없는 감정을 표출한다. 디지털 정치 참여가 이뤄지는 온라인은 합리적이고 이성적인 공론의 장과는 점점 거리가 멀어지고 있다. 정치세력은 입맛에 맞게 개인을 조직적으로 이용하고, 파편화된 개인은 정치세력의 권력을 강화하는 자양분이 된다. 그러면서 중우정치의 골은 계속 깊어진다.

티머시 스나이더가 오늘날 빚어지는 정치적 위기 현상을 '가짜 민주주의'로 명명한 것도 같은 맥락이다. 가짜뉴스가 진실을 대체하고, 음모론은 대중에 큰 영향을 미친다. 스나이더는 "이성보다 감성이, 논리보다 자극적인 언사가 대중의 사고를 좌우하면서 중우정치가 심화되고 있다"고 말한다. 미국의 칼럼니스트인 미치코 가쿠타니(Michiko Kakutani)는 트럼프 현상을 예로 들며 "지지자들이 트럼프의 거짓말과 전문성 무시, 민주주의 경멸을 스스로 합리화한다"며 "사실에 대한 무관심, 이성을 대체한 감성, 좀먹은 언어가 주요 원인"이라고 설명한다.

결국 '민주주의의 위기', '가짜 민주주의' 등 표현은 다르지만 오늘날 벌어지는 정치 위기는 대체로 비슷하다. 바로 이성이 아닌 감성으로, 논리가 아닌 선동으로 대중이 동원되고 있다. 현재의 대한민국은 이재명 대통령으로 대표되는 좌파 진영의 반지성주의와 윤석열 전 대통령으로 대변되는 우파 진영의 반지성주의가 적대적 공생을 해온 상황이다. 이들은 서로를 악마화하며 선과 악의 이분법에 빠져, 세상을 오직 흑백 TV로만 바라본다. 다양한 생각과 의견, 컬러를 인정하지 못하면서 말이다.

2 / 권위주의에 빠진 꼰대

21세기가 열린 지 무려 4반세기가 지났다. 그런데도 우리 사회에 만연한 권위주의와 갑질 문화는 공고하다. 특히 정치 영역에서 더욱 그렇다. 이는 보수와 진보 정치인 모두의 문제다. 권위주의는 이념과 철학의 문제가 아닌, 성향과 태도의 문제다. 머리로 생각하는 게 아니라 삶에서 우러나오는 것이란 이야기다. 성향과 태도는 사상보다 무섭다. 자기가 생각지도 않은 데서 불쑥불쑥 자신의 정체성이 드러나기 때문이다.

권위주의 타파, 수평적 커뮤니케이션 등을 머리로는 이해했을지 몰라도 몸에 밴 것은 쉽게 고쳐지지 않는다. 한국 사회에서 엘리트로 성장한 이들의 대부분은 그들의 삶 속에 권위주의가 짙게 배어 있다. 이들에게는 평등한 조직문화, 복식의 파괴, 가부장 질서의 해체 같은 이슈들이 불편하다. 당장 국회의원들이 모인 집단만 봐도 몇 선인지가 매우 중요하다. 의원 개인이 갖춘 역량과 리더십에 상관없이 일단 '중진'이면 절반은 먹고 들어간다.

이런 권위주의는 왜 생기는 걸까. 첫째 역할과 인격을 동일시하기 때문이다. 권력과 조직의 위계상 아래에 있는 사람들을 마치 종 부리듯 하는 태도가 여기서 비롯된다. 공적인 업무가 아닌 사적인 일에 직원을 동원하는 것도 같은 맥락이다. 이는 직원의 역할을 곧 그 사람의 인격으로 동일시하기 때문이다. 조직 내에서 상하관계가 있을지언정 업무를 벗어난 영역에서까지, 즉 인격적으로 사람을 하대하는 것은 봉건시대에나 가능한 일이다. 갑질을 하는 이유는 그들의 의식이 신분제 사회였던 과거에 멈춰 있기 때문이다.

둘째 갑질의 자기파괴성이다. 갑질은 뚜렷한 목적의식이 없다. 즉, 갑질을 통해 갑질의 주체가 얻을 수 있는 이득이 없다는 이야기다. 예를 들어 금전적 이익을 얻거나, 더 높은 위치를 차지하기 위해 상대를 몰락시키거나 하는 등의 이해관계가 없다. 오직 자기 분풀이로 갑질을 하고, 그 탓에 모든 것을 잃는다. 그런 의미에서 한국의 갑질은 자기파괴적 성격이 강하다.

그렇다면 이런 갑질을 키우는 이유는 근본 원인은 무엇인가. 여러 가지 원인이 있겠지만 핵심 이유 중 하나는 지나친 '의전' 문화 때문이라고 본다.

일반 대중이 보기엔 도대체 '의전'이 무엇이기에 이 정도로 심각하게 이야기하나 싶을 수 있다. 그러나 의전을 겪어보지 못했던 사람이 한번 의전의 맛에 들리면 걷잡을 수 없이 빠져드는 경우를 종종 본다. 주로 정치권이 그렇다.

한 중진 의원은 의전을 '마약'과 같다고 했다. "한번 정치권에 발을 들이면 낙선해도 여의도를 헤어나지 못하고 국회 주변을 기웃거리는 '정치 낭인'들이 주변에 많은" 이유다. 그는 "현직 국회의원일 때는 어딜 가든 극진한 대접을 받았는데, 낙선하고 나면 초라한 아저씨, 아줌마가 된다. 사람들이 자신에게 몰렸던 이유는 금배지 때문인데, 마치 자신을 좋아해서 그런 것처럼 착각한다"고 설명했다. 용혜인 기본소득당 의원이 가족과의 사적 여행에 공항 의전실을 이용해 논란이 된 것처럼, 의전은 보수와 진보, 남녀노소를 가리지 않는다.

실제 의학 연구 결과에 따르면 의전처럼 사람들로부터 극진한 대우를 받으면, 그 순간 테스토스테론과 도파민 같은 물질이 분비돼 도취 상태에 빠진다고 한다. '의전 중독'이 실제로 있다는 이야기다. 중독까지는 아니어도 의전을 즐기는 의원들은 많다. 평소 격의 없이 지냈던 이들이 의원이 되고 목이 뻣뻣해지는 이유는 그 때문이다. 다만 그런 정치인 중 오래 가는 경우는 단 한 명도 못 봤다. 벼는 익을수록 고개를 숙인다는 말은 정치에서도 유효하다.

국회에서 20년 가까이 의원들을 보좌했던 한 전직 보좌관은 지역구 국회의원보다 비례대표의 경우 이런 성향이 강할 수 있다고 말한다. "지역구 의원들은 지역 주민들과 접촉하면서 머리 숙일 기회라도 있지만, 비례대표 의원들은 공천권을 쥔 당의 실세들 외에는 눈치 볼 사람이 없기 때문"이다. 그러나 이들이 4년 동안 마약 같은 의전 맛에 취해 있는 사이 시간은 금방 간다. 이들 대다수가 재선에 실패하고 일장춘몽처럼 일상으로 돌아간다. 모두가 그런 것은 아니지만 자기 주변에 있던 많은 사람이 그를 떠나버리기도 한다.

지역구에서 재선 의원을 지낸 한 인사는 이런 이야기를 종종 했다. "국회의원 하면서 가장 폼 날 때가 언제인 줄 알아? 국무총리, 장관 등 불러다 놓고 소리치고 꾸짖을 때야. 말이 맞고 틀리고는 상관없어. 특히 야당일 때는 뭔가 호통치고 그래야 지도부와 지지자들이 좋아해. 세상에 총리한테 소리 지를 수 있는 사람이 몇이나 되겠어?"

의전 중독은 외국에 가면 더욱 심해진다. 외국 출장 경험이 있는 한 의원의 이야기를 들어보자. "국회의원들이 보통 해외시찰을 가면, 그 나라의 대사를 비롯해 직원들이 영접을 나온다. 대사관에서 차량을 지원하고 실무진들이 에스코트한다. 한번은 미국 의원들과 행사장에서 만나고 함께 저녁을 하기로 했다. 그런데 이들이 택시를 타고 이동하려고 하더라. 그래서 우리 대사관 차에 태워 움직인 적도 있다."

북유럽에는 의원에게 보좌진이 없는 나라도 있다. 또 의원에게 제공하는 세비가 적어 자전거를 타고 출퇴근하는 경우도 있다. 이는 물론 인구가 적은 소수 나라에 국한된 이야기다. 한국의 정치인들을 이렇게 대우해야 한다는 뜻도 아니다. 하지만 과잉 의전은 피해야 한다. 이는 그들의 내면에 자리잡은 권위주의라는 괴물만 키운다. 의원들 스스로도 의전의 굴레에 빠지지 않도록 조심해야 한다. 이와 관련해선 한때 김무성 전 의원의 '노룩 패스'가 밈(meme)처럼 유행하기도 했다.

의전 중독은 비단 보수 정치인만의 문제는 아니다. 진보 정치인 중에도 이런 사람이 있고, 보수 정치인이라 해도 아닌 경우도 많다. 내가 오랫동안 교류하며 친분을 쌓아온 정치인 중에는 그렇지 않은 사람이 훨씬 많다. 다만 의전 중독 현상은 대체적으로 보수 쪽이 더 심각하다. 전직 3선 의원의 말이다.

"의전에 대해 문제의식을 지닌 분들은 거의 없다. 있다 해도 쉽게 의전 문화에 동화된다. 특히 보수 정당에는 고위 관료나 장차관, 또 무슨 협회장 등을 했던 사람이 많다. 의전에 익숙한 사람들이다. 그렇다 보니 상대적으로 진보 정치인들에 비해 의전에 더 집착한다. 우수한 인력들이 이런 의전 때문에 능력이 낭비되는 걸 보면 매우 안타까울 때가 많다."

의전 중독은 위계서열을 나누고 계급 문화와 의식을 계속 강화한다. 때론 보좌진에게 전염되기도 한다. 이런 인식은 정부부처 공무원들을 대할 때 더욱 심각해진다. 정책은 주로 5·6급 비서들이 다루는데 이들이 상대하는 사람은 대부분 중앙부처의 국·과장들이다. 국장은 보통 3급, 과장은 4급이다. 그러나 정부는 국회의 피감기관이기 때문에 일반적으로 국회에선 '을'의 위치에 있다. 그렇다 보니 본의 아니게 '갑질'을 하는 보좌진들도 있다. 이는 물론 일부의 이야기지만 중앙부처 공무원 입장에선 그만큼 국회가 큰 권력이란 이야기다.

물론 관료들이라고 해서 이런 의전 문화가 없는 것은 아니다. 오히려 더욱 심한 경우도 있다. 특히 중앙부처가 주최하는 행사를 가보면 실장(1급)을 대신해 국·과장이 오는 경우가 많다. 그런데 이들에 대한 의전도 만만치 않다. 공무원들은 정책을 수립하고 실행하는 위치에 있다 보니 '갑'이 되는 경우가 많다. 현직 국회의원의 한 보좌관은 "60세가 넘은 대학 총장이 교육부의 30대 사무관에게 쩔쩔매는 경우가 다반사"라고 말했다.

실제로 내가 잘 아는 서울의 한 사립대 부총장은 교육부의 담당 과장에게 인사를 하러 갔다가 그 밑의 여성 사무관에게 큰 모욕을 당한 사실을 털어놓기도 했다. 교육부 밖으로 나오면서 분한 마음에 벽을 붙잡고 한동안 심호흡을 했다고 한다.

물론 모든 정치인과 공무원이 그렇다는 뜻은 아니다. 오히려 그렇지 않은 사람이 더 많다. 하지만 이처럼 지나친 의전 문화는 우리 사회를 좀먹는다. 윗사람에서부터 시작된 의전 과잉과 중독은 피라미드처럼 아래로 전염되고, 결국 그 피해를 보는 것은 일반 국민이다. 아마도 많은 이들이 관공서나 법원 등에 일을 보러 갔다가 불편한 감정을 느꼈을 것이다. 왜 그럴까. 공직을 국민을 위해 봉사하는 자리로 생각하지 않기 때문이다. 공직에 있는 사람이 진정한 국민의 심부름꾼이 되려면, 윗사람들부터 수직적이고 위계적인 문화를 없애는 데 앞장서야 할 것이다.

3
전문가의 함정

"전문가는 많은데 지식인은 없다." 유럽의 가장 뜨거운 철학자 중 한 명인 슬라보예 지젝(Slavoj zizek)이 한국을 방문했을 때 한 말이다. 우리 사회 전반에 대한 문제 제기이기도 하지만, 현재의 보수 정치권에 딱 들어맞는 표현이기도 하다. 그렇다면 전문가와 지식인은 무엇이 다를까, 또 그것은 왜 문제일까?

전문가는 속성상 질문에 대한 해결책을 찾는 사람이다. 그래서 어떤 문제가 발생하면 바로 해답을 내놓는다. 갈등과 분쟁이 생겼을 때 전문가를 찾는 이유도 그 때문이다. 이런 의미에서 보면 적절한 수의 전문가는 꼭 필요하다. 다만 전문가는 많은데 지식인이 없다는 것이 우리 사회의 맹점이다. 전문가가 문제를 푸는 사람이라면, 지식인은 문제를 내는 사람이다. 사회 혼란과 갈등이 발생했을 때 섣불리 대답하기보다는 먼저 왜 그런 일이 생겼는지, 사안을 어떻게 바라봐야 하는지 문제를 제기하는 사람 말이다.

이처럼 전문가가 많아지고 지식인이 부족해진 것은 사회구조 때문이다. 산업화와 자본주의라는 시스템이 인간을 자신의 체제에 맞는 구성원으로 길들인 결과다. 1800년대부터 본격화된 산업혁명은 인간을 바라보는 관점을 크게 바꿔 놨다. 인간의 존엄성과 자율성이 강조됐던 르네상스 시대와 달리 인간을 노동력으로만 생각했다.

산업시대 이전의 노동자는 전인적 양상을 띠었다. 농부가 농사를 짓기 위해서, 대장장이가 도구를 만들기 위해선 한 명의 사람이 생산의 전 과정에 참여했기 때문이다. 기술은 도제식으로 세대를 건너 전수됐고, 그 안에서는 전통이라는 질서가 인간 사회의 규율을 담당했다. 하나의 제품을 만들기 위해선 가업을 이어 수십 년간 '작품'을 만들어온 장인 한 명과 그런 장인을 롤모델 삼아 일을 배우는 도제 여러 명이 필요했다. 도제는 언젠가 자기 혼자서도 우마차를 만들 수 있을 거라는 기대를 품고 있었다.

그러나 산업화 시대의 노동자는 분업화의 틀 안에서 아주 작은 한 부분만 담당한다. 공장 노동자는 그 누구도 혼자 자동차를 만들 수 없다. 한 대의 자동차를 만들기 위해서는 수천 명의 노동자가 분업하여 작업하기 때문이다. 따라서 자기가 맡은 업무에만 익숙할 뿐, 그 밖의 업무엔 문외한이나 다름없다.

정도와 방식의 차이가 있을 뿐 무대를 공장에서 사회로 옮겨놔도 원리는 비슷하다. 직업이 다양하게 세분화되고 사회가 발전할수록, 시장이 더 많은 상품과 서비스를 만들어낼수록 더욱 많은 분업이 생겨난다. 과거 인간이 100가지의 일에 관여하고 살았다면, 현대 인간은 열 가지도 채 안 되는 일을 집중적으로 반복하며 살고 있다.

그렇다 보니 지금까지는 다방면에 걸쳐 다양한 지식을 쌓은 사람, 오랜 경험을 통해 인생의 지혜를 갖춘 인재 등이 큰 대우를 받지 못했다. 그보다는 한 분야를 깊이 파고, 자신의 분야 외에는 관심을 두지 않아도 되는 이들이 전문가로 대접받고 높은 사회적 성취를 이뤘다.

이는 정치권도 마찬가지다. 국회에는 각 분야에서 화려한 경력을 가진 이들로 넘쳐난다. 무슨 협회장 출신이거나 적어도 자신의 직업에서 일가를 이룬 사람들이 많다. 법조인·의사·약사 등 각 분야의 전문가들이 자신의 직능 분야를 대표해 정치인이 된다. 이들이 한 분야를 깊이 공부해 다른 사람은 범접하기 힘들 만큼 놀라운 전문성을 갖춘 사람들인 것은 분명하다.

그러나 그렇게 똑똑하고 유능했던 사람들도 국회의원만 되면 '봉숭아 학당'의 철없는 학생이 되는 경우가 많다. 도대체 왜 그럴까. 정치권에서 주로 하는 표현을 빌리자면 '정치는 종합예술'이기 때문이다. 어느 한 분야를 깊이 판 전문가들만의 영역이 아니란 이야기다. 또 정치를 오래 공부했다고 해서, 관련 학위나 자격증을 땄다고 해서 잘할 수 있는 분야도 아니다.

대신 정치를 잘하기 위해서는 인간에 대한 깊은 성찰과 합리적 의사결정을 내릴 수 있는 능력이 필요하다. 한 분야만 오래 공부한 전문가보다는 다양한 분야를 섭렵한 통섭의 인재가 정치인으로서 훨씬 성장할 가능성이 크다. 만일 해당 분야의 전문가가 필요하다면, 국회의원 밑에 유능한 보좌진을 채용하면 된다. 이를 위해 4급 보좌관 두 명부터 5~9급 비서관, 비서 등이 존재하는 것이다.

국회의원이 전문가여야 한다는 생각은 산업화 시대의 편견이다. 오히려 해당 분야에 이해관계가 깊을수록 입법과 정책 결정 과정에서 기업과 이익단체의 영향과 로비를 쉽게 받을 수도 있다. 특정 분야의 지식과 전문성보다는 보편적 의사결정 능력, 공공의식과 도덕성 등이 더욱 필요하다는 이야기다.

앞으로 정치인들은 전문가의 함정에 빠지는 일을 더욱 경계해야 한다. 특히 보수 정치에서는 비례대표가 마치 직능대표인 것처럼 여겨지는 일이 많았다. 전문가는 관련 이익단체의 표를 쉽게 모을 수 있고, 각종 협회장 출신일 경우 스펙도 나쁘지 않기 때문에 유권자를 혹하게 할 수도 있다. 하지만 비례대표는 말 그대로 국민의 대표성에 비례해 뽑는 자리다. 그런데 특정 직능단체의 대표만 모아 놓는다고 해서 일반 국민을 대표하는 비례적 속성을 가지고 있을까.

이와는 반대로 다문화 인구를 한번 생각해 보자. 국내 다문화 인구가 100만 명을 넘어선 지는 꽤 오래됐다. 그런데 국회에 이들을 대표하는 자리가 있는지 묻고 싶다. 탈북자, 장애인 등 사회적 약자도 마찬가지다. 비례대표는 지역구 선거에서는 당선되기 힘들지만, 국민 대표성이 필요한 이들을 위해 필요한 제도다. 하지만 지금까지는 마치 직능대표가 가는 자리이거나, 당의 실세와 친한 사람들이 맡는 자리인 것처럼 오인돼 왔다.

전문가 출신 정치인들의 또 다른 문제는, 물론 모두가 그런 것은 아니지만 자기 분야가 아닌 것에 대해서는 무지하거나 관심이 없다는 점이다. 앞서 지적한 것처럼 정치인이 갖춰야 할 첫 번째 역량은 상식과 교양의 관점에서 올바른 의사결정을 내리는 능력이다. 그런데 전문가로 성공한 이들의 대부분은 초중고 입시 전쟁에서 승자가 되고, 명문대에 진학해 개인의 높은 성취를 이뤘다. 본인의 직업 분야에 매진하다 보니 인문적 성찰과 소양이 부족한 경우가 많다.

심지어 법률에 대한 이해가 떨어지는 이들도 있다. 국회의원 개개인은 국민의 대표로 헌법이 명령한 하나하나의 독립된 기관이다. 기본적으로 헌법과 국회법에 대해선 충분히 숙지하고 있어야 하지만, 법조인 출신을 제외하고 이런 소양을 갖춘 정치인은 많지 않다. 법을 만드는 사람인데 법을 모른다는 것이 아이러니하지만 이것이 현실이다.

요약하면 정치인은 스페셜리스트보다는 제너럴리스트여야 한다. 해당 분야에서 깊이 있는 지식을 자랑하는 전문가라 하더라도 다양한 경험과 인문적 고민이 부족한 사람이라면 정치를 해선 안 된다. 숲을 보지 못하고 나무만 보는 깊은 전문성은 인식의 틀을 좁게 만들어 국회에서의 원만한 합의와 토론을 방해할 수 있다. 물론 전문가이면서 성찰적 지성과 통섭력까지 갖춘 뛰어난 사람이라면 더할 나위 없이 훌륭한 정치인의 재목이 될 수 있을 것이다.

과거 조선 시대의 정치인이 현대사회의 정치인과 달랐던 점은 그들 모두 정치인이기 전에 지식인이었다는 점이다. '선비'로 불리며 삶의 이치와 세상의 진리를 좇던 학문하는 이들이었다. 비록 후기 조선이 붕당정치로 물들며 파행을 겪기도 했지만, 그들은 기본적으로 인간과 사회의 본질을 깊이 탐구하고 고민하는 교양인이었다. 실리를 따르되 명분이 있어야 움직였고, 적어도 본인의 사리사욕을 채우는 일을 낯부끄러워 할 줄은 알았다.

4 / 요란한 빈 수레

개개인의 능력과는 무관하게 진보 정치인이 보수 정치인보다 뛰어난 분야가 있다. 특정 프레임을 만들고 논리와 이념으로 무장해 이를 조직적인 어젠다로 키워가는 일이다. 진보 정치인의 주류를 이루는 '86세대'는 젊은 시절부터 민주화 투쟁과 이를 사상적으로 발전시키기 위한 이론화에 능했다. 오랜 시간 한국 사회의 기득권이었던 국가주의와 권위주의를 깨기 위해 더욱 처절하게 고민하고 전략을 세워야 했기 때문이다.

그렇다 보니 의제를 만들고 이를 확산시키는 능력은 진보 정치인들이 조금 더 앞선다. 상대적으로 보수 정치는 오랫동안 기득권의 입장이었던 데다, 반공 이데올로기에 기대 반사 효과를 오래 누려왔기 때문에 직접 콘텐츠를 만들어야 한다는 부담이 적었다. 그렇다 보니 보수 정치인 중에는 치열하게 고민할 줄 아는 능력 있는 사상가가 상대적으로 부족하다.

그러나 콘텐츠가 없어도 수레가 요란하면 잘 굴러간다. 그게 한국 정치의 현실이다. 특정한 신념과 철학, 비전이 없어도 최고 권력자에 잘 기대기만 하면 정치 생명을 연장하기 쉽다. 특히 국민의힘은 영남 중심의 텃밭 정당으로 변모하면서 이런 경향이 더욱 강해졌다. 일반 국민의 보편적 상식과 동떨어지면서 갈라파고스가 돼버린 것이다.

6·3 대선도 그랬다. 비상계엄으로 실시한 조기대선인데도 국민의힘 주류와 기득권은 계엄과 탄핵으로부터 자유롭지 못한 후보들(김문수·한덕수)을 차례로 내세웠다. 국민 다수가 계엄을 반대하는 상황에서 당연히 질 수밖에 없는 구도였다. 이들이 보편적 국민의 상식에서 어긋난 판단과 행동을 할 수 있던 것은 특정 지역에 치우친 권력 기반 때문이다. 국민의힘이 이를 깨지 못한다면 전국 정당, 대중 정당으로 부활하긴 어려울 것이다.

텃밭 중심의 정치는 의원 개개인의 경쟁력을 갉아 먹는다. '공천=당선'인 지역에선 의원들이 유능함을 선보이기보다 공천권을 쥔 이들에게 잘 보이려 할 가능성이 크다. 실제로 이런 지역에서 다선을 한 중진 의원들이 비상계엄과 탄핵 정국, 조기대선 상황에서 보여준 행태는 비극적인 코미디에 가깝다. 국민들로부터 이들이 과연 어떤 유능함을 인정받아 다선을 했는지 의구심이 생겼다.

앞으로 보수 정치가 새롭게 태어나려면 이런 일부터 개선해야 한다. 정치권 개혁을 이야기하면서 늘 공천 문제가 도마에 오르지만 한 번도 제대로 바뀐 적이 없다. 이제는 정말 공천 개혁이 필요한 때다.

정치의 명분이 사라진 것도 짚고 넘어가지 않을 수 없다. 영화 〈범죄와의 전쟁〉에서 최익현(최민식)은 김판호(조진웅)가 관리하는 나이트클럽을 차지하기 위해 명분을 찾는다. "제아무리 건달이지만 명분이 있어야 쳐들어갈 수 있다"는 최형배(하정우)의 말 때문이다. 깡패라도 사람들이 납득할 만한 이유가 없으면 공격할 수 없다는 설명이다.

결국 최익현은 명분을 만들기 위해 매제인 김서방(마동석)을 데리고 김판호의 조직에 들어갔다가 일부러 시비를 걸어 두들겨 맞는다. 굴욕을 당하고 물에 빠진 생쥐처럼 도망쳐 나온 최익현은 인근에 숨어 있던 최형배와 조직원들을 데리고 다시 김판호를 공격한다. 처음 계획했던 대로 최익현은 김판호의 '나와바리'를 '접수'하는 데 성공한다.

영화에서 묘사된 것처럼 건달의 세계에서도 명분은 중요하다. 하물며 정치는 어떨까. 과거 《삼국지》나 《초한지》 같은 고전을 보면 그 시대의 리더들은 명분에 따라 움직였다. 명분은 일반 국민이 상식과 교양의 선에서 수긍할 수 있는 논리를 말한다. 불섶을 지고 불구덩이에 뛰어들어 가도 명분이 있는 사람은 되살아난다. 반면 눈앞에 큰 이익이 보여도 명분 없이 이익을 취하면 결국 일을 그르치게 된다. 그것이 정치의 생리다.

멀리 갈 것도 없다. 윤석열 대통령 탄핵 전후 몇 달 동안 국민의힘 주류 정치인들이 해온 일을 살펴보자. 그렇게 자유민주주의를 입에 달고 살던 이들이 반헌법적 비상계엄을 옹호했다. 오히려 '계몽령'이라는 얼토당토않은 주장을 진지하게 펼쳤다. 한 중진 의원은 한국사 강사인 전한길로부터 계몽령을 깨닫게 해줘 감사하다고 했고, 또 다른 중진 의원은 극우 집회에 나가 목청껏 '윤어게인'을 외쳤다. 자유민주주의를 옹호한다면서, 대통령이 파면까지 된 반헌법적 행위를 지지하고 응원하는 것은 도대체 무슨 논리에서 나온 걸까.

이들의 행태는 명분이 없는 것도 모자라, 도대체 무슨 실리를 얻기 위해 이런 행동을 했는지도 의문이다. 반짝 극우세력들에게서 열광을 받는 것 외에 기나긴 정치 여정에서 이들이 얻을 수 있는 실리는 무엇일까. 한참 고민해 봐도 그 답이 떠오르지 않는다. 그들에게는 오직 자신의 이권을 지키기 위한 전략만이 유일한 고민거리였고, 정치 집단이 함께 모여 이런저런 세상을 만들어보고 싶다는 공유된 가치는 존재하지 않았던 것 같다.

돌아보면 보수 정치는 그동안 국민에게 명분도 실리도 안겨주지 못했다. 유일한 작동 원리는 정치인 본인의 사익이었던 것 같다. 그렇다면 앞으로는 어떻게 해야 할까. 당연히 명분과 실리를 국민에게 돌려주는 것이다. 국민의 살림살이를 나아지게 만들고, 시민 대다수가 동의할 수 있는 가치 지향점을 제시해야 한다. 그렇게 하기 위해선 보수 정치인이, 특히 그 리더가 자기만의 생각과 사상을 가져야 한다.

정치인이 자기만의 철학과 사상을 가지려면, 반드시 중요한 메시지는 스스로 쓸 줄 아는 사람이어야 한다. 사고는 언어를 통해 굳어지고 발전한다. "내가 아는 세상의 한계는 곧 내가 갖고 있는 언어의 한계"라는 루드비히 비트겐슈타인(Ludwig Wittgenstein)의 말처럼 자신만의 논리로 글을 쓰고 말할 수 없는 사람은 정치인으로서 자격이 없다. '언어는 존재의 집'(Martin Heidegger, 마르틴 하이데거)이기 때문에 자신의 생각을 자기만의 언어로 오롯이 밝힐 수 없다면, 그 사람은 본인만의 철학과 사상이 없는 사람이다.

5장

자유민주주의에 대한 오해

1 / 자유세계와 자유주의

 보수 정치의 문제점은 뭘까. 핵심은 자유민주주의에 대한 오해다. 더욱 정확히는 '자유'의 개념적 정의가 이뤄지지 않은 상태에서 습관적으로 자유민주주의를 입에 달고 산 것이다. 결론부터 말하면 자유라는 단어 표현은 하나지만, 그 뜻은 다양하다. 크게 네 갈래로 볼 수 있다. 첫 번째는 서방을 중심으로 한 자유세계(free world)다. 이는 사회주의·권위주의와 구분되는 국가체제를 의미한다. 보수 정권의 경우 자유세계의 질서에 부응하는 가치외교를 펴기 때문에 한미동맹, 한일관계를 중시한다. 반대로 진보 정권은 미국과 일본과 삐걱거릴 때가 많고 오히려 친중 성향을 보인다.

두 번째로 많이 쓰이는 것은 경제적 자유(economic freedom)다. 과거 윤석열 전 대통령이 강조했던 밀턴 프리드먼(Milton Friedman)과 프리드리히 하이에크(Friedrich Hayek)는 시장경제의 대변자다. 능력에 따른 공정한 보상과 선의의 경쟁을 중시하는 가치관, 국가의 개입을 줄여 시장의 자율성을 확대하려는 정책 등은 모두 경제적 자유에서 비롯된다.

세 번째는 사상·표현의 자유(free-dom of thought·speech)다. 이는 시민 각자의 개별성과 자율성을 강조하는 사회적 자유를 의미한다. 인권, 여성, 성적 소수자 이슈 등 가치의 다양성을 중시한다. 이는 보수보다는 다소 진보 진영에서 활발하게 담론이 형성돼 있다. 물론 진보 정권이라고 해서 이를 딱히 실천하진 않았다. 표현의 자유에 재갈을 물리려는 행태가 너무 많았기 때문이다.

이상의 세 가지 자유는 현대 민주주의의 근간을 이루는 매우 중요한 요소다. 그러나 진짜 보수주의자, 정확히 말해 자유민주적 공화주의자가 되려면 여기에 하나를 더 얹어야 한다. 바로 정치적 자유다. 정치적 자유는 존 스튜어트 밀이 《자유론》에서 썼듯, '의지의 자유(freedom of will)'가 아닌 '시민 자유(civil liberties)'를 뜻한다. 국가가 합법적으로 행사할 수 있는 권력의 성격과 한계를 규정한 것이 정치적 자유주의의 본질이다.

초창기 자유주의 이론가들은 국민 다수인 대중이 정치의 주체가 되는 걸 꺼렸다. 1852년 국민투표로 황제가 된 나폴레옹 3세나 1934년 유권자 88.1%의 지지로 총통이 된 히틀러는 민주 절차에 따라 권력을 획득했지만, 포퓰리즘 독재의 원형이 됐다. 과거 소크라테스의 독배처럼 민주주의는 태생적으로 중우정치의 위험성을 안고 있다.

그러나 한계점이 분명한 민주주의가 현대사회에서 안정적인 체제로 자리 잡게 된 것은 정치적 자유주의와 결합해 '자유민주주의(liberal democracy)'로 새롭게 태어나면서부터였다. 정치적 자유주의는 사회계약으로 양도받은 국가 권력의 한계를 명확히 했다. 다수의 횡포에 맞서 소수를 보호할 수 있는 장치를 만들었고, 약자의 생각이 공론장에서 보호될 수 있게 했다. 제도적으로는 입법·행정·사법 등 삼권을 분립해 서로를 견제하고, 독립된 검찰과 감사원이 정부 권력의 폭주를 제한토록 했다.

정치적 자유주의라는 이념을 실현할 장치로 만든 게 법치주의다. 이는 곧 통치자가 오직 국민이 합의한 원칙인 법에 의해서만 권력을 행사한다는 뜻이다. 그러므로 오늘날 민주주의 국가의 완성은 경제·사회·정치적 자유주의가 밑바탕이 된 법치국가라고 할 수 있다. 이때의 핵심은 다수결로 인민의 '총의(總意)'를 구하는 것이 아니라, 자유민주주의적 질서를 바탕으로 다원적 통치체제를 유지하는 것이다.

윤석열이 자유주의 이론가들로부터 환영을 받았던 이유는 검찰총장

시절 그가 '법의 지배(rule of law)'를 강조했기 때문이다. 권력자가 법을 악용하는 '법에 의한 지배(rule by law)'가 아니라 오직 국민이 동의한 유일한 원칙, 법이 통치하는 것이다. 그래서 윤 전 대통령은 진짜 법치주의, 정치적 자유주의를 철학 삼아 국가 권력을 행사할 것이라고 기대했다.

그러나 2024년 12월 3일 비상계엄으로 보수의 모든 가치, 자유민주주의와 법치주의 질서가 한꺼번에 날아갔다. 윤석열이 이야기했던 법치는 '법의 지배'가 아니라 '법에 의한 지배'였던 것이다. 법치와 개인의 자유를 생명처럼 여겨야 할 보수 정치인이 그것들을 정면으로 위배하는 비상계엄을 내렸다는 것은 스스로 정치 생명을 끊은 것과 다름없다.

따지고 보면 윤석열의 머릿속에는 정치적 자유(liberty)가 없던 것 같다. 소수자의 목소리까지 존중하는 정치적 자유주의자였다면, 야당과 대화 한번 제대로 하지 않고, 또 자신에게 쓴소리하는 당 대표를 내쫓으려 하지 않았을 것이다. 비판에 눈과 귀를 닫고, 자기 하고 싶은대로 한다는 점에서 문재인 전 대통령과 다를 바 없다. 국민의 눈치까지 보지 않았다는 측면에선 국가에 훨씬 큰 해악을 끼쳤다.

그렇다면 윤석열의 자유는 무엇이었던가. 그에게는 오직 국가체제로서의 자유(free) 진영과 시장에서의 자유(freedom)만 있었을 뿐이다. 경제·사회·정치적 자유주의가 골고루 실현된 법치국가가 무엇인지 진정 몰랐던 것 같다. 그와 오랜 세월 친분을 쌓아왔던 합리적 인사들이 곁을 떠난 것도 이 부분 때문이 아니었을까 생각한다.

보수가 꿈꾸는 바람직한 사회는 시장의 자율과 공정한 능력주의를 강조하는 경제적 자유가 밑바탕을 이루되, 사회·정치적 자유의 핵심인 합의와 설득, 대화와 타협, 다양성 존중 같은 요소가 전반에 녹아 있어야 한다. 야당 대표는커녕 여당 대표도 만나지 않던 불통의 모습은 그를 점점 자유주의자에서 멀어지게 만들었다. 법치국가의 성공은 경제·사회·정치적 자유의 고른 성숙에 달려 있는데 그걸 몰랐거나, 실천하지 않았던 것이다.

그렇다면 한국 사회에서 자유주의가 왜 그렇게 중요한가. 이를 따져보려면 대한민국이 자유민주주의 국가로 첫걸음을 내디뎠던 시점으로 돌아가야 한다. 그때를 정확히 이해해야만 왜 자유민주주의가 이토록 오랜 세월 동안 오독되어 왔는지, 여전히 많은 보수 정치인이 자유의 개념을 잘못 알고 있는지 따져볼 수 있다.

2 / '자유'를 무시하는 자유주의자들

이승만의 자유당, 노태우·김영삼의 민주자유당, 이회창의 자유선진당, 최근의 자유한국당, 심지어 극우인 자유통일당까지. 우리가 흔히 보수라고 부르는 정당들은 모두 '자유'를 사랑한다. 지금도 보수 정당의 유력 정치인들은 자유라는 단어를 입에 달고 산다. 그런데 그들은 정말 자유주의자일까. 이를 알기 위해서 해방공간으로 잠시 돌아가 보자.

갑작스러운 해방으로 남한에 이식된 서구의 정치체제는 일제강점기를 겪었던 한국의 토양에 잘 맞지 않았다. 앞서 살펴본 것처럼 특히 보수의 입장에선 정치의 뿌리를 찾는 일이 쉽지 않았다. 35년의 일제강점과 한국전쟁을 겪으며 지키고 보존해야 할 보수의 가치가 깡그리 무너진 상태였기 때문이다.

나라도 혼란스러웠지만, 당시 세계도 양분되어 있었다. 자유민주주의 진영과 공산주의 진영이 대결을 벌이며 체제 전쟁이 극에 달했다. 러시아와 중국의 혁명, 두 차례의 세계대전을 거치며 민주주의에 대립하는 공산주의가 유력한 정치·사회 체제로 떠올랐다. 그러면서 자유주의 국가들은 큰 위험을 느꼈다. 특히 미국에서는 1950~1954년에 불어 닥친 매카시즘[43] 광풍으로 사회주의 포비아가 생겨났다.

당시 매카시즘은 우리가 생각하는 것 이상으로 자유 세계에 큰 공포감을 안겼다. 브루스 커밍스(Bruce Cumings) 미국 시카고대 석좌교수는 매카시즘에 대해 "진보 세력을 심문하고 거의 묻어버림으로써 미국의 정치적 스펙트럼을 극단적인 우파로 비틀었다"고 말한다. 그러면서 "이들의 무기는 소련의 핵폭탄과 중국혁명이 폭발시킨 부정할 수 없는 세계적 위기였고, 그로써 세계의 절반이 붉게 물드는 것 같았다"고 지적했다.[44]

그 무렵 발발한 것이 6·25다. 냉전 체제의 경쟁과 대립이 한창이었던

---

43 미국 상원의원 조지프 매카시(Joseph McCarthy)가 일으킨 반공주의 광풍. 브루스 커밍스는 "매카시가 국무부를 비롯해 여러 곳에서 205명, 실제로는 약점을 지닌 자유주의자들을 공산주의자라고 비난했다"고 기록했다.
44 브루스 커밍스 (2010). 《브루스 커밍스의 한국전쟁》. 현실문화.

시기였기에 한국에 이식된 자유민주주의는 사회·정치적 자유주의와 다소 거리가 멀었다. 즉, 한국의 자유민주주의는 개인의 사회적 자유와 이를 정치체제의 핵심 가치로 삼은 정치철학이라기보다, 공산주의에 대립하는 서방의 자유세계 진영을 뜻하는 말로 받아들여졌다. 앞서 설명한 것처럼 이념으로서의 자유주의가 아니라, 정치체제로서의 자유 진영의 의미로만 사용했다는 뜻이다.

특히 6·25 이후 한국 정부는 '반공'을 국시로 삼았다. 훗날 반공 이데올로기가 많은 해악을 낳긴 했지만, 전쟁 직후 반공주의는 어쩔 수 없는 선택이기도 했다. 그게 아니면 나라의 존립 자체가 불가능했기 때문이다. 그러나 정치적 생명력을 강화하려는 정권의 이해관계와 결합하면서 여러 계층·집단의 다양한 의견 표출까지 반체제적인 것으로 매도하는 문제가 생겼다. 그 때문에 한국 정치의 주류는 다양성을 억압하는 냉전주의로 귀결돼 반공주의에 입각한 강력한 우파를 만들어냈다.[45]

다시 말하면 해방 후 한국이 국가정치체제로서 자유민주주의를 받아들이긴 했지만 이는 곧 '냉전반공주의'였을 뿐이다.[46] 원래 자유주의는 온데간데없이 사라지고 공산주의의 반대 개념으로만 작동했다는 해석이 가능하다. 따라서 당시 집권 세력은 전쟁과 분단의 갈등을 치유하기 위해서는 무엇

---

45 강원택(2018). 《한국정치론》. 박영사.
46 최장집(2010). 《민주화 이후의 민주주의》. 후마니타스.

보다 '내부 결집'이 중요하다며 반공을 이용했다.

특히 1958년 '진보당 사건'은 한국의 정치 스펙트럼이 보수로 우편향 되는 결정적 사건이 됐다. 당시 이승만 정권은 진보당이 북한과 비슷한 평화통일방안을 주장했다는 혐의로 정당 등록을 취소했다. 이듬해 당수인 조봉암은 사형을 받았다. 사회주의에 입각해 독립운동을 주도했던 조봉암이 사망하면서 그를 따랐던 정치세력 또한 일거에 사라졌다. 이후로 한국의 정파는 이념에 따라 나뉜 게 아니라 권력을 획득하려는 이해관계에 따라 형성됐다.

그러다 이승만 정권은 4.19혁명으로 무너진다. 이승만은 여러 차례 법을 개정해 자신의 권력을 연장하려고 했다. 대통령 중임제한 규정을 없애는 게 목표였다. 사사오입 개헌[47]으로 연임에 성공한 이승만 정권은 권력을 계속 유지하려 했다. 그러나 1960년 야당의 유력 경쟁자였던 민주당의 조병옥이 뇌수술 도중 사망하는 일이 벌어졌다. 이승만의 재집권이 확실시되면서 관심은 부통령 선거로 쏠렸다. 당시 국민들은 야당의 장면이 부통령이 될 것이라고 예상했다. 그러나 권력이 개입하면서 부정선거가 됐다.[48]

---

[47] 개헌은 3분의 2가 찬성해야 한다. 당시 의석수 기준으로는 135.3석이었다. 그런데 뚜껑을 열어보니 찬성 135표, 반대 60표, 기권 6표, 무효 1표가 나왔다. 처음엔 135.3석에 못 미쳐 부결됐다. 그러나 여당이던 자유당은 135.3을 반올림(사사오입) 하면 135이므로, 찬성 135표를 받아 가결됐다고 선포했다.
[48] 개표를 해보니 이승만·이기붕 정부통령 후보의 득표가 95~98%에 육박하는 지역이 속출했다. 조작이 너무 티가 나는 개표 결과에 당황한 자유당은 당시 최인규 내무장관에게 이승만은 80%, 이기붕은 70~80% 선으로 보고하라고 지시했다. 최종 집계 결과 이승만 88.7% 이기붕 79.2%의 압도적 당선이었다. 이것이 바로 3.15 부정선거다.

이를 규탄하는 시위가 전국적으로 벌어졌는데 그 시작을 알린 것은 마산 3.15의거였다. 당시 시위에 참여했던 마산상고 1학년 김주열 군이 실종된 것이었다. 한 달 후 그의 시신이 마산 앞바다에 떠올랐다. 최루탄이 눈에 박힌 채 유기된 그의 시신을 보면서 시민의 분노는 극에 달했다.

4월 18일 고려대생 1,000여 명이 서울에서 처음 대대적인 시위를 벌였고, 반공청년단 소속 폭력배들에게 공격받는 사태가 발생했다. 이 소식이 알려지자 다른 대학의 학생과 고교생, 시민 등이 거리로 쏟아져 나왔다. 당시 기록에는 20만여 명의 시민이 광장에 나온 것으로 돼 있다.

자유당 정권은 계엄령을 내리고 시민들에게 발포해 120명이 사망했다. 시위가 걷잡을 수 없이 커지자 이승만은 4월 26일 하야 성명을 발표했다. 독립운동의 중심 역할을 했고, 초대 대통령으로서 국가의 기틀을 다진 이승만 대통령의 공은 분명 인정하지만, 그의 말로가 좋지 않던 것도 분명하다.

건국 이후 제대로 기틀을 갖춘 최초의 보수정당인 자유당은 이렇게 몰락했다. 당의 핵심 가치는 당명대로 분명 '자유'였을 것이다. 그러나 자유당이 진정한 자유주의의 가치, 즉 시민의 자유와 그로부터 파생되는 개별성과 다양성, 관용의 가치를 지니고 있었는지는 의문이다. 그런데도 왜 이승만은 자유당이라는 이름을 썼을까. 그것은 이승만에게 자유란 정치철학으로서 자유주의가 아닌 정치체제로서 자유민주주의를 대표하는 단어였기 때문이

다.⁴⁹

이런 상황에서 여야 정당의 역할은 서구 민주주의 국가들과 다른 양상을 띠었다. 즉, 야당이라고 해서 여당과 차별화된 이념과 정책을 추구한다기보다는 그저 집권 세력에 반대하는 사람들의 집합이라는 성격이 강했다.

이처럼 대한민국에 이식된 '자유민주주의'는 진짜 '자유주의'는 빠져버린 변질된 냉전반공주의가 되었다. 그런데 '반공'이 국시였던 당시 한국의 자유민주주의는 어처구니없게도 자유주의의 본질을 심각하게 침해했다. 1972년 유신헌법에는 국가의 이익을 위해 개인의 자유도 침해할 수 있다는 내용이 포함됐다. 민주주의 헌법을 가진 나라에서 개인의 사회·정치적 자유가 퇴보하는 이례적인 사건이었다.⁵⁰

이는 정권에 의해 '한국적 민주주의'라는 말로 포장돼 한동안 지속됐다. 이후 유신헌법에 따라 1972년 12월 23일 통일주체국민회의 대의원들이 체육관에 모여 유일한 후보인 박정희를 대통령으로 뽑았다. 1973년 2월 국회의원 선거는 정수의 3분의 1을 대통령이 지명했다.

---

49 보수 정치인들 중에는 아직까지도 정치철학으로서의 자유주의와 정치체제로서의 자유민주주의를 구분하는 못하는 이들이 많다. 20대 국회의원을 지낸 한 인사는 자신의 블로그에서 역사 속 자유주의자들을 소개하는 시리즈를 연재했는데, 그 안에 박정희 등을 포함시켰다. 냉전 체제에서 자유민주주의 시스템을 지켜내고 산업화에 성공한 업적은 인정받아야 하지만, 그를 자유주의자라고 부르는 것은 틀렸다.
50 박정희 정부는 1972년 10월 17일 비상계엄 선언으로 국회를 해산하고 11월 21일 국민투표로 유신헌법을 제정했다. 투표율은 91.9%에 달했고, 무려 91.5%가 찬성했다.

다음 정권인 전두환 정부에서도 한국의 자유민주주의는 '부림사건'[51]처럼 표현의 자유를 구속하고, 그보다 더한 인신의 자유까지 억압하는 일을 거리낌 없이 벌였다. 이처럼 자유주의에 대한 잘못된 인식은 이승만·박정희·전두환을 거쳐 민주화 이후에도 꾸준히 이어졌다. 최초의 문민정권인 김영삼 정부에서도 정치 갈등의 핵심은 '이념'과 '반공'이었다. 그래서 한국의 주된 집권세력은 '자유민주주의를 지킨다'면서 오히려 시민의 자유를 억압하는 아이러니한 상황을 자주 만들었다.

자유민주주의를 수호하기 위해 비상계엄을 벌였다는 윤석열의 해괴한 논리도 마찬가지다. 우리가 가장 경계해야 할 것이 바로 이 지점이다. 보수 정치에서 가장 배척해야 하는 것은 '악'보다는 '위선'이다. '악'은 그 자체로도 선명하게 자신의 정체성을 드러내기 때문에 조금만 지각이 있고 깨어 있는 사람이라면 얼마든지 조심하고 견제할 수 있다. 보수 지지자들 입장에서 보면 이재명 대통령이 그럴 것이다.

그러나 '위선'은 '선'을 가장해 사람을 현혹한다. 권위주의 정치인들은 민주화 시대에 보수라는 외피를 쓰고 사실상 국가주의 이념을 실현하려고 애쓴다. 그렇기에 자유주의자를 표방하며 실제로는 자유를 억압하는 사람

---

51 영화 〈변호인〉의 모태가 된 사건. '부산 학림 사건'이라는 뜻에서 붙여진 명칭이다. 전두환 정부는 민주화 운동 세력을 탄압하고자 부산에서 사회과학 독서모임을 하던 학생·교사·회사원 등을 영장 없이 체포한 뒤 불법 감금하고 고문했다. E. H. 카(Edward Hallett Carr)의 《역사란 무엇인가》와 같은 책을 이적물로 규정하며 사상과 표현의 자유를 탄압했다.

들이, 자유에 대해 아무런 말도 하지 않는 이들보다 훨씬 위험하다. 한국의 보수 정치에서 가장 먼저 사라져야 할 것은 '악'보다는 '위선'이다.

3 / 자유주의 없는 민주화

 '자유주의'가 빠져 있는 아이러니한 상황은 운동으로서의 민주화가 완료되고 제도로서의 민주주의가 정착된 이후에도 계속됐다. 이런 상황에서 '보수 vs 진보'라는 구도가 선거를 통해 본격적으로 나타난 것은 노무현 정부 때의 일이다.[52] 하지만 그 연원을 거슬러 올라가면 김영삼 정부의 출범이 그 시작점이라고 볼 수 있다. 김영삼 정부 출범 전후 형성된 오늘날의 보수 세력에는 민주화 인사들만 있던 것이 아니다. 독재 정권의 요직을 차지했던 다수의 국가주의 세력이 보수로 편입됐다.

---

52 진영재(2018). 《한국정치》. 법문사.

한국 정치에서 민주화 운동을 이끌었던 세력은 김영삼과 김대중의 두 정파다. 이들을 구심점으로 국가주의와 맞서 싸웠고 1987년 국민직선 개헌을 이끌어냈다. 그러나 두 정치인의 분열로 신군부의 핵심이었던 노태우가 집권에 성공한다. 국가주의 세력의 연장이다. 1987년 13대 대선에서 노태우가 득표율 36.6%로 당선됐고 김영삼·김대중은 각각 28%, 27%를 얻었다.

그러나 거센 민주화의 물결과 함께 노태우를 마지막으로 하는 국가주의 세력은 그 힘을 잃어가기 시작했다. 그대로라면 다음 대선(1992년)에선 민주 진영이 쉽게 정권을 탈환할 것처럼 보였다. 하지만 1990년 또다시 민주 진영에 금이 갔다. 바로 앞서 설명했던 3당 합당이다. 이들은 이후 신한국당과 새누리당, 자유한국당, 국민의힘으로 이어지는 현재 보수 세력의 원조가 됐다.[53]

김영삼 정부는 국가주의의 핵심 이데올로기였던 반공주의를 그대로 흡수했다. 반공주의는 보수의 핵심 이념이 되었고, 실제로 1997년 대선에서 당시 보수파가 주장했던 핵심 프레임은 김대중이 '빨갱이'인가 아닌가 하는 점이었다. '반공'은 독재정권의 국시였지만, 이젠 '색깔론'이라는 좀 더 세련된 옷으로 갈아입고 21세기까지 생존해 왔다. 이는 보수 세력의 주요 무기로 쓰

---

53 1992년 대선은 3당 합당으로 국가주의 세력을 흡수한 김영삼(42%)의 승리였다. 투표율 33.8%를 얻은 김대중은 정계 은퇴를 선언하고 영국으로 도피해 6개월을 머물렀다. 그러나 강력한 구심점이 부재한 야당에선 김대중의 복귀를 원했다. 1995년 지방선거로 정계에 복귀한 김대중은 1997년 대선에서 승리를 거머쥐었다. 이렇게 두 인물을 중심으로 나뉜 정치 구도는 오늘날까지 이어져 각각 보수와 진보라는 이름으로 불리고 있다.

이며 선거 때마다 엄청난 파괴력을 보였다.

주지하다시피 냉전반공주의는 자유주의의 대척점에 있다. 내가 아닌 남은 모두 '적'이 된다. 우리와 다른 생각을 하고 이를 표현하는 것은 '이적'이다. 개성과 다양성은 말살되기 십상이며 획일화되고 표준화된 이념과 가치만이 수용된다. 경제적으로 한국은 이미 선진국의 반열에 올랐음에도 자유주의의 토양은 여전히 척박하다.

4 / '신자유주의'의 허상

자유주의가 뿌리내리지 못한 상황에서 자유에 대한 또 다른 편견을 만들어낸 것이 '신자유주의'다. 자유주의가 제대로 뿌리내리지 못한 상황에서 신자유주의를 받아들이면서 많은 혼란과 갈등이 벌어졌다. 수백 년간 이어진 자유주의 전통 아래 신자유주의를 적용한 미국·영국 등 서구 국가들과 달리 자유에 대한 감수성조차 희미한 한국 사회에 덜컥 신자유주의를 도입하다 보니 탈이 날 수밖에 없었다.

신자유주의는 1990년대 후반부터 한국에서 보수와 진보를 구분하는 핵심 기준 중 하나로 자리 잡기 시작했다. 원래 경제적 관점에서의 자유주의는 시장의 자유와 국가의 개입을 놓고 팽팽한 줄다리기를 해왔다. 그러나 미국 뉴딜정책의 성공은 정부의 적극적 시장 개입이 자본주의의 모순을 해결한다는 믿음을 주었다. 이후 수십 년 동안 '큰 정부'는 가장 설득력 있는 모델로 평가받았다.

하지만 고인 물이 썩듯 '큰 정부' 아래 기업의 자율성은 떨어지고 노조가 지나치게 비대화하며 산업 전반의 생산성이 낮아졌다. 이때 노동 개혁과 구조조정, 감세 등의 조치로 시장의 자유를 확대하겠다고 나선 것이 신자유주의다. 정치적 측면에선 영국의 대처나 미국의 레이건을 신자유주의의 효시로 볼 수 있다.

하지만 앞서 지적했듯 '신'자유주의는 그 표현처럼 자유주의의 토대 위에서만 가능하다. 즉, 정치·사회·경제 각 분야에서 보편적 자유가 전제된 나라가 아니라면 그 효용성과 결과가 다를 수 있다. 그런 부작용이 가장 컸던 나라 중 하나가 한국이다.

한국의 보수 정치가 강조하는 자유의 내용을 살펴보면 대부분 경제적 자유만을 강조하고 있다. 지식인들 사이에서는 주로 경제학자들이 이론 공급의 역할을 맡았고 기업과 재벌, 전경련 등이 전폭적 지원을 했다. 그 때문에 대부분의 보수 정치인 중 스스로를 자유주의자로 자칭하는 사람들은 거

의 경제적 자유주의자, 즉 신자유주의자인 경우가 많다.[54]

신자유주의 물결은 사회 곳곳에서 파열음을 냈다. 신자유주의는 자유주의의 다양한 측면 중에서 경제적 관점에만 집중돼 있다. 그러므로 정치·사회·경제의 보편적 자유주의 풍토가 형성되지 않은 한국에서 경제적 측면만 강조하다 보면 선진국에서 기대했던 효과와 다른 결과를 맞이할 수 있다.

일례로 이 당시 한국에서 자유주의 담론을 만들어낸 지식인들의 상당수는 경제학자들이다. 특히 2000년대 이후 '뉴라이트'라는 이름으로 위세를 떨쳤다. 프리드리히 하이에크나 밀턴 프리드먼과 같은 이들의 이론이 큰 영향력을 발휘했다. '뉴라이트 싱크넷', '하이에크 소사이어티', '교과서 포럼' 등의 단체가 우후죽순처럼 생겨났다.

하지만 앞서 살펴봤듯 신자유주의는 경제적 측면의 자유주의만 강조한 나머지 정치·사회적 자유, 여기에서 파생되는 개성과 다양성 및 수평적 의사소통에는 큰 관심을 보이지 않았다.

예를 들어 이 시기 뉴라이트를 강조했던 정치인들은 애덤 스미스를 높이 평가하면서도《국가론》에서 말한 '보이지 않는 손'에만 관심을 보인다.

---

54 특히 노무현 정부 때부터는 주로 '뉴라이트'라는 이름으로 위세를 떨쳤다. 하지만 아이러니하게도 이런 사람들일수록 정치·사회적 자유, 표현의 자유나 수평적 의사소통에는 관심 없는 이들이 많다

《국가론》의 모태가 되는 《도덕감정론》[55]에 대해서는 큰 의미를 부여하지 않는다. 보이지 않는 손이 제대로 작동하려면 공감의 원리에 기초한 따뜻한 손이 먼저 있어야 한다. 이것이 당대 최고의 도덕철학자였던 스미스의 본심이다. 시장에서의 자유는 모든 개인의 행복과 안녕을 위해 존재하는 것이지, 소수의 재벌과 엘리트 정치인의 기득권이 커지는 것을 방임하는 형태여서는 안 된다는 뜻이다.

그런데도 한국의 보수 정치인들은 마치 자유주의가 경제적 자유만을 의미하는 것처럼 여긴다. 물론 보수는 진보와 달리 시장의 자유를 더욱 강조하고 정부의 개입을 최소화하길 희망한다. 그러나 정치·사회적 자유에는 인색하면서 시장의 자유만 내세우는 것은 무슨 해괴한 논리인가. 또 '복지국가'가 현대 민주주의의 대세로 자리 잡은 지금, 과거와 같은 '작은 정부'는 존재 자체가 불가능하다.

우리는 보수 정치인들이 정부의 시장 개입은 거세게 반대하면서도 국가의 사상 개입에는 쉽게 눈을 감는 행태를 많이 봐왔다. 정치권에서 제기하는 논란의 상당 부분은 본질 자체가 이념과 큰 관계가 없음에도 '종북', '빨갱이'라는 딱지를 붙여 공격한다. 이런 프레임은 자신과 다른 상대의 의견은

---

55 애덤 스미스가 《국부론》(1776)에 앞서 1759년에 출판한 책. 당대 최고의 도덕철학자였던 스미스는 이 책에서 공감의 원리가 인간 사회를 지탱하는 힘이라고 봤다. 오늘날 경제학의 아버지로 불리는 그이지만, 그는 묘비명에 '《도덕감정론》의 저자 이곳에 잠들다'라는 문장을 써달라고 유언했다 한다.

아예 들어보지도 않고 '흑백' 논리로 매도한다. 자유주의의 가장 반대되는 행태다.

그렇다면 보수의 외피를 쓴 권위주의 정치인들은 왜 이런 집단 모순에 빠졌을까. 그들도 나름 우리 사회의 가장 뛰어난 엘리트들이니 자유주의가 무엇인지 몰랐을 리는 없다. 나는 이 같은 문제가 벌어진 이유 중 하나는 보수라는 개념이 가진 근본적 속성 때문이라고 생각한다. 지금까지 논의를 이어오면서 보수는 특정 이념과 철학이 아닌 성향과 태도라고 설명했다. 즉, 머리로만 생각하는 개념이 아니라 삶에서 우러나오는 자세라는 이야기다. 성향과 태도는 이념이나 사상보다 무섭다. 자기가 생각지도 않은 데서 불쑥불쑥 자신의 정체성이 드러나기 때문이다.

그런 관점에서 자유에 대해 모순된 보수 정치인들은 아마도 이런 입장일 것이다. 먼저 신자유주의 경제 이론을 머리로 받아들이기는 했다. 1980년대 미국의 레이건이나 영국의 대처는 신자유주의로 큰 성공을 이뤘고, 시장은 계속 그 힘을 키워왔기 때문에 그 흐름을 따르기만 하면 파도를 타고 서핑하는 것처럼 매우 순조로운 일이었다. 그러면서 머리로는 신자유주의, 또 그 모태가 되는 자유주의에 대해 이해했다고 깊게 믿는다.

그런데 문제는 몸과 행동이다. 보수는 이념과 철학이기 전에 습성과 태도다. 몸에 밴 것은 쉽게 고쳐지지 않는다. 이들이 머리로는 자유를 이해했을

지 몰라도, 실제 살아온 방식은 권위주의 방식이었다. 민주화 이전 시대에 엘리트로 성장한 이들 대부분의 삶 속에는 권위주의가 짙게 배어 있다. 이들에게는 수평적인 의사소통, 복식의 파괴, 가부장 질서의 해체 같은 이슈들이 불편하게 다가온다. 제아무리 경제적 자유를 표방하는 보수 정치인도 나이가 한참 아래인 사람이 격의 없이 토론을 벌이고 자기 의견을 대놓고 반대하기 시작하면 이를 받아들이기 힘들어한다. 때로는 이들을 건방지다고 생각할 것이다.

결국 권위주의에 물든 보수 정치인은 머리로는 자유를 학습했고 말로는 자유주의를 외치지만 삶과 행동에서 자유주의를 실천하기 어렵다. 그렇기에 이들은 경제적 자유주의자는 되기 쉬워도 정치·사회적 자유주의자가 되기는 힘든 것이다.

요컨대, 오늘날 스스로를 자유주의자라고 칭하는 보수 정치인들은 실제로는 시장의 자유만 강조하는 반쪽짜리 자유주의자인 경우가 많다. 지금까지 한국 사회에서 자유주의는 엄청난 '오해'를 받고 있었다는 이야기다. 이 같은 편견을 깨기 위해서 우리는 가장 먼저 한국의 '자유민주주의'가 오랜 합의의 전통과 문화적 유산을 바탕으로 만들어진 진짜 '자유주의'가 아니라는 점을 깨달아야 한다. 보수 정치인들이 기존의 관습대로 자유를 외칠수록 오히려 자유의 의미를 퇴색시킨다는 것을 건강한 시민들은 눈을 부릅뜨고 감시해야 한다.

6장

진짜 보수주의란

1 / 진짜 보수의 흐름 '영국'

근대 정치는 사회계약론에서 시작된다. 자유로운 인간의 권리를 충분히 보장받기 위해 인간은 사회계약을 맺어 국가에 위임했고, 만일 국가가 개인의 자유를 억압하고 불법적 폭력을 행사한다면 국가를 전복할 수 있는 저항권을 약속했다(존 로크). 따라서 국가의 구성원인 국민은 국가의 부당한 권력 사용에 대해 문제를 제기할 수 있고, 법치로써 시민의 자유를 인정받아야 한다.

이처럼 근대 정치의 발전은 자유가 확대되는 과정이었다. 35년간 일제의 식민통치로부터 우리 민족이 얻고자 했던 것도 자유였고, 미국의 독립선

언과 노예해방 역시 자유를 쟁취하기 위해서였다.[56]

그러나 자유를 추구하는 목적은 같아도 방법은 다를 수 있다. 바스티유 감옥 습격으로 촉발된 급진적인 프랑스혁명은 대중의 힘으로 절대왕권을 무너뜨렸지만, 그 이면엔 엄청난 인명 피해가 있었고 혁명 이후의 사회도 갈등과 혼란이 팽배했다.

반대로 영국이 민주주의를 발전시킨 과정은 프랑스처럼 급진적이지 않았다. 영국은 안정적이고 점진적인 변화를 추구하면서 보수주의적 민주주의를 발전시켰다. 영국의 부르주아는 명예혁명과 권리장전을 통해 왕과 국가로부터의 자유를 보장받았다. 프랑스혁명처럼 피를 흘리지 않았다는 의미에서 '명예'란 수식이 붙는다.[57] 영국과 프랑스가 추구한 것은 본질적으로 '자유'라는 점에서 같았지만, 이를 획득하는 방식은 사뭇 달랐다. 그것이 오늘날 보수와 진보를 구분하게 된 핵심 기준 중 하나다.

이처럼 영국식 민주주의의 발전 과정에는 시민의 자유를 위해 최전방에서 투쟁했던 부르주아, 즉 '보수주의자'가 있었다. 이는 보수주의의 본질

---

56 "자유가 아니면 죽음을 달라"는 미국의 정치가 패트릭 헨리(Patrick Henry)의 말처럼 자유는 인간이 인간다울 수 있는 최소한의 조건이다.
57 그럼에도 이들이 얻어낸 것은 민주주의 역사에서 어마어마한 것이다. 종교와 표현의 자유, 법의 지배와 삼권분립 등 시민의 권리를 국가로부터 처음 인정받았다. 오늘날 우리가 정치의 기본이라 믿는 민주주의와 선거제도, 정당정치 등은 모두 천부인권으로서 자유를 보장받고 자유를 제도화하는 장치이다.

은 자유주의라는 이야기다. 그만큼 자유는 보수 정치의 근원적 개념이고, 보수주의에서 파생되는 다른 모든 이념과 사상(다양성, 관용, 개방 등) 중 가장 핵심적인 가치. 국민 개개인의 자유가 최대한으로 보장될 때 국부가 가장 커질 수 있으며(애덤 스미스), 국가 권력의 남용을 견제해 자유와 정의를 지켜야 사회가 바로 선다(에드먼드 버크)는 이론도 시민의 자유를 강조하고 있다. 스미스와 버크는 각각 보수주의의 경제·정치적 이론의 틀을 만든 '파운더스(founders, 창립자들)'다.

그러나 앞서 지적한 것처럼 한국의 보수는 이와 정반대다. 한국에서 자유를 쟁취하기 위해 싸웠던 이들은 오늘날 진보 세력으로 불린다. 반면 현재 보수 정치의 주류를 차지하고 있는 이들은 과거 국가주의 세력의 이데올로기를 답습하는 권위주의 세력이다. 이 같은 차이 때문에 유럽과 한국의 보수와 진보를 비교하는 것은 매우 어려운 일이다.

어쩌면 한국의 보수에게 처음부터 유럽의 보수와 같은 역할을 기대하는 것은 불가능한 일이었을지 모른다. 유럽은 오랜 역사를 거치면서 민주주의를 점진적으로 발전시킬 만한 시간이 있었지만 우리는 그렇지 않았기 때문이다.

우리 역사는 불과 50여 년 만에 유럽의 시민들이 수백 년간 이룬 것을 한꺼번에 달성해야 했다. 그런 사정이 있었기에 한국의 보수가 정통이 아닌

샛길로 빠진 것이라고 위안을 삼아볼 수도 있겠다. 한국의 자유주의가 어떻게 왜곡되고 이상하게 변질됐는지 그 원인과 과정은 앞 장에서 살펴본 바와 같다. 이런 의미에서 한국의 보수를 고민하려면 정치적 전통이 없는 상황에서 국가를 건립한 미국과 비교해 보는 것이 더 낫다.

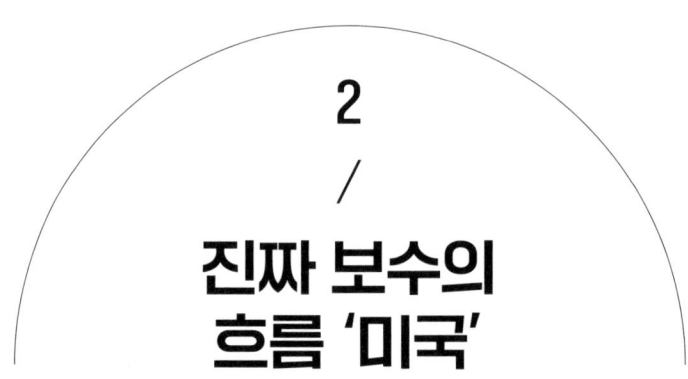

2 / 진짜 보수의 흐름 '미국'

미국 역시 '보수'해야 할 전통과 유산이 없는 상태에서, 무에서 유를 만든 나라다. 다만 미국 건국의 아버지들은 처음 국가의 주춧돌을 세우는 과정에서 영국과 프랑스의 민주주의 사상을 많이 체화해 받아들였다. 그 핵심은 사회계약론과 자유주의적 전통이다.

1776년 미국의 〈독립선언문〉은 기본적으로 사회계약론과 자유주의 이념을 전제로 작성됐다. "모든 사람은 평등하게 태어났고 생명과 자유, 행복 추구권은 양도할 수 없는 권리다. 이를 확보하기 위해 국가를 조직했으며, 국가의 정당한 권력은 국민의 동의로부터 나온다. 어떤 형태의 국가든

이 목적을 파괴할 때는 언제든 새로운 국가를 세울 수 있다."

위와 같은 독립선언문의 핵심 내용은 모든 사람은 평등하고 자유롭다는 천부인권, 국가의 권력은 국민에게서 나온다는 주권재민, 잘못된 국가는 전복할 수 있다는 저항권 등으로 요약된다. 그리고 이 같은 시민의 권리를 확보할 수 있는 가장 본질적인 장치로 나온 것이 '수정헌법 1조(표현의 자유)'다.[58]

즉, 미국 정치에서는 '자유주의=민주주의'가 기본이다. 그런 의미에서 '자유민주주의'로 붙여 쓴다. 이런 관점에서 미국의 원조 보수들은 시민의 자유를 매우 중요하게 여겼다. 훗날 공화당의 원류가 되는 자치주의자들은 연방주의자(해밀턴주의자)[59]와 달리 각 주의 독립과 개별적 운영을 강조했다. 이들은 3대 대통령인 토마스 제퍼슨(Thomas Jefferson)의 노선을 따랐다고 해서 제퍼슨주의자로 불린다.

강력한 국가를 꿈꾼 해밀턴주의자와 달리 제퍼슨주의자는 중앙집권제에 큰 불신이 있었다. 이들에게 사상적 영향을 끼친 사람은 자유주의자 애덤 스미스와 사회계약론자인 로크였다. 자치는 시민의 자유를 최대한 확보하는

---

58 "종교와 언론 및 출판의 자유와 집회 및 청원의 권리: 연방 의회는 국교를 정하거나 또는 자유로운 신앙 행위를 금지하는 법률을 제정할 수 없다. 또한 언론·출판의 자유나 국민이 평화롭게 집회할 수 있는 권리, 불만 사항의 구제를 위해 정부에 청원할 수 있는 권리를 제한하는 법률을 제정할 수 없다."
59 연방주의자는 건국 공신 중 한 명인 알렉산더 해밀턴(Alexander Hamilton)의 이름을 땄다.

방안이며, '리바이어던'이라는 국가의 거대한 권력이 살아나는 것을 막는 현실적 장치였다. 오늘날 '작은 정부'로 이어진 보수의 이념적 흐름은 이때부터 생겨난 것이라고 볼 수 있다.

그러나 완벽한 민주주의의 가치 아래 건국된 미국도 시간이 흐르면서 내부의 갈등이 폭발했다. 노동자 중심의 산업이 많은 북부와 노예를 활용한 플랜테이션 농업이 핵심인 남부가 서로 총칼을 들이댔다. 이때 제퍼슨주의 전통을 이어온 북부 정치인들은 노예 해방을 기치로 공화당을 창당했다. 그리고 공화당 후보인 링컨이 대통령에 당선됐고 전쟁에서도 승리했다. 이후 공화당은 20세기 초까지 국민의 강렬한 지지를 받으며 보수의 시대를 열었다.

이처럼 보수 정당인 공화당의 역사는 자유를 위한 투쟁의 역사였다 해도 과언이 아니다. 현대 미국 정치에서는 민주당이 정치·사회적 관점에서 좀 더 자유를 강조하는 입장이지만, 이는 정도의 차이일 뿐 본질은 같다. 다시 말해 자유의 관점에서 보면, 미국 공화당과 민주당의 거리는 그다지 멀지 않다.

다만 미국과 유럽의 이념 지형이 다르다는 점은 짚고 넘어갈 필요가 있다. 유럽의 좌파 정치·지식인의 시각에선 미국의 공화당이나 민주당은 같은 우파의 우산을 쓰고 있다고 볼 수 있다. 예외적으로 버니 샌더스(Bernie

Sanders) 같은 이들이 사회주의적 관점에서 진보의 목소리를 내고 있을 뿐이다. 그렇다면 미국은 왜 유럽과 달리 보수적 풍토가 강하게 자리 잡게 됐을까.

3 / 미국의 보수와 진보

한국 정치가 미국의 영향을 크게 받았다는 사실은 부인하기 어렵다. 한국 정치를 이해하려면 미국의 정치 지형도 이해할 필요가 있다. 그 핵심은 미국 정치가 유럽의 기준으로 보면 상당히 우편향되어 있다는 점이다. 이를 살펴보기에 앞서 현대 민주주의의를 가장 먼저 발전시킨 유럽의 상황을 보자.

앞서 살펴본 것처럼 의회주의는 영국을 중심으로 기틀을 다졌다. 그러나 프랑스혁명 이후 국민의 주권적 요구가 폭발했고, 이후 대중적 급진주의가 급속도로 퍼졌다. 특히 산업사회의 발전과 함께 과거의 귀족과 평민,

지주와 소작농의 신분 질서는 부르주아와 프롤레타리아로 나뉘었다. 마르크스는 프롤레타리아 혁명으로 단번에 자본주의 질서를 무너뜨려야 한다고 봤지만, 반사회주의 진영의 진보 정치인들은 의회 안에서 노동자의 이익을 대표하며 정당정치를 뿌리내렸다.

자연스럽게 보수는 부르주아의 뜻을, 진보는 노동자의 권익을 대변하며 양당 정치가 확립됐다. 다만 마르크스의 실험이 실패로 끝난 뒤에도 유럽 사회에는 사회주의 정당이 많이 남아 있었다. 이념적 스펙트럼을 놓고 보면 유럽이 미국보다 왼쪽에 치우쳐 있는 것도 그 때문이다. 왜 그런 걸까.

가장 큰 원인은 미국이 이민자의 나라이기 때문이다. 영화 〈갱스 오브 뉴욕〉[60]을 보면 이 같은 상황을 잘 살펴볼 수 있다. 1840년대 뉴욕은 다양한 민족이 집단을 이뤄 살았다. 특히 이민자들이 처음 정착하는 곳 '파이브 포인츠(Five Points)'[61]는 절도, 도박, 사기, 살인 등 범죄가 들끓는 곳이었다. 하지만 이곳에는 골드러시를 꿈꾸는 수천 명의 이민자가 유입됐다.

첫 번째 네덜란드령으로 '뉴 암스테르담(New Amsterdam)'이라고 불렸던 뉴욕은 대서양 연안의 항구도시였기에 이민자들이 미국으로 오는 관문

---

60 이탈리아 출신의 미국인 감독 마틴 스콜세지(Martin Scorsese)가 연출한 이 영화는 19세기 이민자들의 적나라한 모습을 사실적으로 카메라에 담았다.
61 파이브 포인츠는 오늘날의 맨해튼 지역에 있다. 19세기 맨해튼의 빈민가인 파이브 포인츠에 대해 영국 소설가 찰스 디킨스(Charles Dickens)는 "오물과 쓰레기 때문에 악취가 난다 (…) 이곳은 돼지 같은 인간들이 사는 곳"이라고 말했다.

이었다. 그렇다 보니 19세기 뉴욕에는 노동자가 넘쳐났지만, 이들을 하나로 묶을 수 있는 이데올로기가 없었다. 즉 유대계, 아일랜드계, 러시아계, 독일계 등 민족적 뿌리에 따라 패가 갈라져 있었기 때문에 노동자로서 계급적 연대를 이루기가 어려웠다.

반대로 민족적 전통을 유지하며 근대 국가로 발돋움한 유럽의 여러 나라에서는 상대적으로 계급적 이해관계가 뚜렷했다. 게다가 비슷한 시기 마르크스를 비롯한 사회주의 사상가들의 이론이 큰 설득력을 얻으면서 노동자의 계급의식이 더욱 빨리 성장할 수 있었다. 사회주의 혁명을 지지하지 않는 진보 정치인과 지식인은 노동자의 이익을 대변하면서 부르주아에 대항하는 양대 정당 체제를 구축하기 시작했다.

그렇기에 유럽은 진보 정당이 뿌리내리기 쉬웠고, 미국은 앞서 설명한 것처럼 이데올로기적 신념과 계급적 이해관계보다 민족적 정체성이 더욱 강하게 작용했기에 노동자들이 단일대오를 형성하기가 어려웠다. 특히 아메리칸 드림을 종교처럼 신봉하던 미국에서는 자본주의가 고도로 발전하면서 정치 지형 자체가 유럽에 비해 '우클릭'된 상태로 형성됐다.[62]

오늘날 미국의 양당 정치를 보면, 유럽과 비교해 상당히 오른쪽에 치

---

62 유럽 좌파 정치·지식인의 시각에선 미국의 공화당과 민주당 모두 우파 스펙트럼에 속한다고 볼 수 있다. 버니 샌더스가 민주당 내에서 사회주의자를 자처하지만, 그와 같은 인물이 소수인 이유도 그 때문이다.

우쳐 있음을 알 수 있다. 미국의 진보 정당인 민주당은 사실 유럽의 이념 지형에서 놓고 보면 보수파에 가깝다. 이는 한국도 마찬가지다. 한국의 국민의힘과 더불어민주당은 똑같은 잣대로 보면 모두 보수 정당이다. 이는 어디까지 유럽의 이념 스펙트럼을 놓고 봤을 때 그렇다는 뜻이다.

따라서 한국의 정치 지형은 평등을 강조하는 이념보다 자유를 강조하는 이데올로기가 더 크게 작동한다. 민주당의 우클릭과 중도보수 전략이 먹힌 것도 그 때문이다. 조국으로 대표되는 강남좌파의 득세도 같은 맥락이다. 자칭 진보라 말하지만, 시장에서의 기회 획득과 물질적 욕망, 사회경제적 지위의 세습 등을 삶의 제1가치로 여긴다.

그러나 이 정도는 약과다. 진정 자유주의자들이어야 할 한국의 보수는 앞서 설명한 윤석열처럼 '자유'가 무엇인지 '정치적 자유주의'는 어때야 하는지 아예 모르거나, 안다고 해도 실천하지 않고 있다. 오랜 언론인 생활을 하며 직접 경험한 바에 따르면, 전자일 가능성이 크다. 수많은 보수 정치인을 만나봤지만, 보수의 정확한 개념이 무엇인지, 자유주의는 무엇인지, 자유민주정과 자유세계의 차이는 뭔지 속 시원하게 답하는 이들은 많지 않았다.

4 / 보수의 본질은 자유(liberty)

지금까지 보수주의의 본질로서 자유주의가 왜 중요한지를 살펴봤다. 핵심은 이렇다. 전쟁이라는 비극적 상황 속에서 민주주의를 이식받은 우리는 본질인 '자유주의'를 빼먹은 채 그 형식만 받아들였다. 특히 분단과 대립이라는 특수한 상황에서 '자유주의'는 반공이 국시였던 '자유민주주의 체제'를 위해 희생됐다. 자유주의의 토양이 얕은 곳에 신자유주의가 들어오면서 오히려 자유주의 본질적인 이념까지 헷갈리게 됐다. 즉, 경제적 사유만을 자유주의라고 오인하게 된 것이다.

그 때문에 뒤에서 정치·사회적 자유주의는 마치 진보 진영만의 유물인 것처럼 여겨지는 상황이 빚어졌다. 자유주의에 대한 이해가 부족하다 보니 박정희를 자유주의자라고 떠드는 정치인들도 있었다. 굳이 자유와 박정희를 연관시켜 본다면 반공을 정치철학으로 내걸었던 한국적 '자유민주주의 체제'의 국가주의 리더라고 보는 것이 정확하다.

하지만 이 같은 모든 논란과 오해에도 불구하고 자유주의는 보수의 핵심 가치다. 영국과 프랑스, 미국의 시민혁명은 모두 국가로부터 개인의 자유를 확대하는 과정이었고, 이를 법과 체제로 보장받기 위해 만들어진 것이 민주주의다. 그리고 민주주의를 발전시키고 시민의 자유를 확대하는 최전방에는 늘 진짜 보수주의자들이 있었다.

따라서 무너진 보수가 제일 먼저 해야 할 일은 진짜 자유주의가 무엇인지 학습하고 이를 실천하는 일이다. 지금까지 오해했던 자유주의에 대한 편견을 모두 버리고, 시민이라는 계급을 만들고 민주주의를 발전시켰던 진짜 자유주의의 모습과 조우해야 한다. 그 핵심은 보수에서 경제적 자유주의만을 강조해 왔던 것과 달리, 정치·사회적 자유주의도 보수의 품으로 끌어안는 일이다.

그러므로 보수주의를 다시 세우기 위해 우리는 시민의 자유부터 다시 생각해 봐야 한다. 자유에 대한 본질적 고민 없이, 다시 우리가 보수주의를 논한다는 것은 사상누각일 뿐이다. 그런 의미에서 나는 '리라이트(Re-

Right, Liberal-Right)' 운동을 제안한다. 리라이트는 한국의 보수를 재건해 다시 시작한다는 뜻(Re-Right)도 있고, 보수 정체성의 핵심을 자유주의적 가치(Liberal-Right)로 삼아야 한다는 의미도 있다.

보수는 무언가를 담는 그릇일 뿐, 그 내용물은 시대와 상황에 따라 달라지기 마련이다. 다시 한번 말하지만 보수에서 가장 변하지 않는 한 가지를 꼽으라면 그것은 자유주의다. 적어도 우리가 민주주의와 자본주의라는 정치·사회·경제 체제를 벗어던지지 않는 한 보수의 핵심 내용물은 자유주의라는 이야기다.

리라이트 운동의 핵심은 자유주의적 가치를 핵심으로 보수주의의 근본을 다시 세우는 데 있다. 원래 자유주의에는 장벽이 없다. 이념의 본질 자체가 이런 장벽을 깨뜨리는 데 있기 때문이다. 당연히 자유주의 안에는 시장의 자유뿐 아니라 사상과 이념에 대한 표현의 자유, 집회와 결사의 자유가 보장된다.

그러나 지금까지 보수 정치 안에선 시장의 자유, 즉 경제적 자유주의에 대해서만 많은 논의가 있었다. 소위 뉴라이트라고 불리는 흐름이 대표적이다. 뉴라이트는 상대적으로 정치·사회적 자유주의에는 인색했다. 하지만 앞으로의 보수, 즉 리라이트 운동에서는 경제적 자유주의뿐 아니라 정치·사회적 자유주의를 함께 추구해야 한다. 이런 의식을 가진 정치인들이 많아지고,

자유에서 파생되는 개방과 관용, 다양성의 정신이 보수층 전체에 하나의 '아비투스(Habitus)'처럼 의식의 기저를 이룰 때 보수 정치가 대한민국의 새로운 대안으로 우뚝 설 수 있을 것이다.

다만 리라이트 운동은 흔히 진보에서 말하는 급진적 자유주의의 흐름과는 구분돼야 한다. 특히 외교와 안보 분야에서 그렇다. 한반도는 아직 분단이 끝나지 않았다. 이런 상황에서 북한과 같이 자유민주주의가 아닌 다른 체제를 지향하는 이념을 제도권 정치로 끌어안기는 불가능하다. 다시 말해 공산당, 사회주의당 같은 정당이 제도권 안으로 들어오는 것은 피해야 한다.

다시 말해 궁극적으로 정치·경제·사회 모두 동일한 수준의 자유주의를 실현해야 하지만, 리라이트 운동은 방법론적 관점에서 우선순위를 둬야 한다. 문화와 일상의 삶 속에서 개인의 자유는 최대한 보장돼야 하지만, 유럽과 같은 수준의 이념적 스펙트럼을 당장 받아들이기는 힘들다. 반세기가 넘도록 냉전·반공 체제에 길들여진 지지자들을 혁명적으로 바꾸는 것은 보수에게 어울리지 않는 방식이다.

리라이트 운동이 급진적 자유주의와 또 다른 점은 공동체를 강조한다는 것이다. 이는 보수적 관점에서 자유주의를 추구하는 것이기 때문에 어쩌면 당연한 귀결로 볼 수 있다. 자유가 방종을 의미하지 않듯, 개인의 자유와 여기서 비롯되는 개별성은 공동체 안에서 합의가 가능한 수준의 것이어야 한다. 타인에게 피해를 주거나 혐오스러운 개성 표현은 공동체에 안녕과 질서를 깨뜨린다. 그러므로 지나친 개인주의로 흐를 가능성이 있는 급진적 자유주의와는 달라야 한다. 그런 의미에서 리라이트 운동이 추구하는 방향은 개인의 자유와 자아실현이 공동체의 이익과 공동선과 함께 조화되는 지점에 있다. 두 원 사이의 교집합을 키워 나가는 것이 핵심 목표 중 하나다.

그러면 우리가 추구해야 할 자유주의의 내용에는 어떤 것이 있고, 이를 온 사회에 확대할 수 있는 '보수적' 방법론은 무엇이 있을까. 다음 장에서는 자유주의의 아버지인 존 스튜어트 밀을 롤 모델 삼아 한국 정치에 적용해 보려고 한다. 정확히 말하면 한국의 보수가 밀로부터 어떤 가르침을 받아야 하는가에 대한 이야기다. 밀의 생각을 읽다 보면 놀랍게도 한국의 정치 현실과 정확히 일치하는 내용이 많다. 그 말인즉슨 적어도 자유주의적 관점에서 보자면 21세기 한국은 19세기 영국과 비슷하다는 뜻이다. 이제 밀의 사상 속으로 들어가 보자.

7장

진짜 자유주의란

1 / 보수주의자 존 스튜어트 밀

리라이트 운동의 핵심은 한국의 보수가 진짜 자유주의를 바탕으로 다시 태어나는 일이다. 그러려면 진짜 자유주의란 무엇이고, 한국 사회에 어떻게 적용해야 할지 살펴봐야 한다. 하지만 앞에서 살펴봤듯 한국에선 자유주의만큼 모순되게 쓰이는 용어도 없다. 보수·진보 너 나 할 것 없이 자유주의자를 자칭하는 사람들은 많지만, 실상은 자신의 정치 철학을 그럴듯하게 포장하기 위해 자유주의라는 가면을 쓰는 경우가 많다. 이는 오히려 자유주의의 본질을 헷갈리게 만들 뿐이다.

그렇다면 우리가 제일 먼저 할 것은 자유주의가 정확히 무엇인지 짚고 넘어가는 일이다. 자유주의 사상의 기초는 존 스튜어트 밀로부터 시작한다. 사실 그의 생각에 덧붙일 것도, 뺄 것도 없다. 그렇기 때문에 이 책에서는 밀의 사상을 중심으로 자유주의를 설명하려고 한다. 그를 이해하려면 먼저 19세기 영국의 상황을 살펴볼 필요가 있다.

당시 영국은 산업혁명의 성공으로 최고의 전성기를 구가했다. 방적기와 증기기관의 발명으로 산업의 생산성은 크게 높아졌고, 인류 역사 이래 가장 많은 잉여가치를 축적했다. 영국은 산업혁명과 시민혁명을 동시에 성공시키며 유사 이래 가장 발전한 나라로 우뚝 솟아 있었다. 민주주의와 자본주의를 국가 체제로 하는 현대 국가의 기틀을 다진 시기였다.[63]

당시 영국은 지금의 대한민국과 많은 점에서 닮았다. 왕정국가였지만 민주주의가 발전해 있었고 산업화의 성공으로 전에는 상상할 수 없던 엄청난 물질적 성취를 이뤘다. 그러나 양극화와 불평등, 여론을 움직여 대중을 좌지우지 하는 엘리트의 횡포, 정치인의 부패와 무능, 개인주의의 오용으로 인한 이기주의의 만연과 인간소외 등이 뿌리 깊은 사회 문제로 대두됐다. 이 같은 구조적 문제를 해결하기 위해 나온 처방이 밀의 《자유론》이다.

그렇기에 1859년 출판된 《자유론》을 읽다 보면 현재 한국 사회와 비슷

---

63 빅토리아(1819~1901) 여왕이 이끌던 시기 영국은 '해가 지지 않는 나라'로 불리며 대영제국의 최고 전성기를 구가했다. 64년간 재위하며 입헌군주제의 질서에 따라 '군림하되 통치하지 않는다'는 영국 왕실의 전통을 만들었다.

한 부분을 발견할 수 있다. 밀이 생각한 자유론의 기초는 '타인에게 해를 끼치지 않는 한 개인의 자유는 절대적으로 보장돼야 한다'는 데에서 출발한다. 이와 함께 밀은 자유에서 비롯되는 '개별성'이라는 개념을 매우 강조했다.

이는 경제적 관점에서 '보이지 않는 손'을 주장한 애덤 스미스의 시장주의와도 맥락을 같이한다. 개인이 가진 고유의 재능과 취향을 맘껏 발휘할 수 있을 때 사회 전체의 가치도 올라간다는 그의 이론은 개인의 자유가 최대한 허용될 때 국부가 커진다는 스미스의 이론과 닮았다.

하지만 그의 자유주의 사상이 의미가 있는 것은 단순히 자유가 중요하다고 역설했기 때문이 아니라, 공공선을 위해 자유가 제한될 수 있는 조건을 명쾌하게 설명했다는 데 있다. 쉽게 말하면 '나의 자유만큼 너의 자유도 중요하다'는 뜻이다.

민주주의 사회는 개인의 자유와 개별성을 전제로 하지만, 공동체를 이루어 살아가는 한 개인의 자유는 서로 충돌할 수밖에 없다. 이때 갈등을 어떻게 풀어나갈지가 중요하다. 밀은 그 원리를 타인으로부터 침해받지 않을 자유로 규정했다. 이는 나아가 국가가 개인의 자유를 제한할 수 있는 최소한의 기준을 만드는 데 이론적 근거가 됐다.

사실 밀이 살던 당시 영국에서도 자유주의가 제대로 작동하진 않았다.

부르주아의 전유물에서 널리 대중으로 확산되기 시작한 자유의 물결은 그에 대한 온갖 오해와 편견을 낳았다. 마치 오늘날 어리석은 이들이 자유와 방종을 구분하지 못하듯 19세기 영국도 그러했다.

지금 한국 사회도 마찬가지다. 운동으로서의 민주화가 끝나고 제도로서 민주주의가 정착된 시대를 살고 있는 우리는 자유가 중요하다는 것을 누구보다 잘 안다. 그러나 나의 자유만큼 타인의 자유를 중요시 여기진 않는다. 자유에는 책임이, 권리에는 의무가 뒤따른다는 것을 머리로는 이해해도 행동으론 실천하지 않고 있다. 그런 의미에서 밀의 자유주의는 한국 사회에 의미하는 바가 크다. 한국은 아직 성숙한 자유주의 사회가 아니기 때문이다.

일각에선 지나치게 자유가 억압돼 있지만, 다른 한편에선 도를 넘은 자유가 방종을 부르고, 나아가 타인의 자유를 침해하는 일까지 벌어진다. 인터넷 공간에서의 정제되지 않은 커뮤니케이션이 대표적이다. 밀이 말했던 자유주의의 본질은 나의 자유뿐 아니라 타인의 자유까지 동등하게 인정하는 것이다. 그러나 우리 사회는 나의 자유만 안중에 두고 다른 이의 자유에는 관심이 없다. 이는 엄격히 말해 자유주의가 아니다. 그저 이기주의 사회일 뿐이다.

밀은 자유주의가 영국 사회에 더욱 퍼져나가길 바랐고, 그 고민은 현실 정치로 이어졌다. 밀은 1865년 선거에서 자유당 후보로 출마해 웨스트민스터에서 당선됐다. 그가 살았던 시대의 기준으로만 본다면 당시 자유당은 상

대적으로 진보 진영에 속했지만, 그의 철학은 오늘날 보수의 핵심 가치로 자리잡았다.[64]

밀은 짧은 의회 생활을 하면서도 자신의 소신을 지켰다. 선거와 정치 활동 과정에서 그가 개인 돈을 한 푼도 쓰지 않겠다고 한 일화는 유명하다. 원래 정치에 뜻이 없던 밀에게 지지자들이 찾아와 선거에 출마할 것을 요청했다. 하지만 그는 제안을 거절하면서, 설령 출마하더라도 국가의 공무를 맡는 자는 개인 돈을 써선 절대 안 된다고 주장했다. 돈을 써서 당선되면 공직을 이용해 사욕을 채우려 한다는 이유에서였다. 주민들이 이런 조건을 모두 받아들이겠다고 하자 그는 웨스트민스터 선거구에 출마해 당선됐다. 이처럼 그는 말과 행동이 일치하는 사람이었다.

밀을 이야기하면서 빼놓을 수 없는 사람이 그의 부인 해리엇 테일러다. 밀이 그녀를 만난 것은 그가 20대 초반이었을 때. 두 살 연하였던 테일러는 그때 이미 두 아이를 둔 유부녀였다. 밀은 처음부터 그녀를 사랑했지만 이들이 부부의 연으로 엮인 것은 20년 후였다. 하지만 행복했던 결혼생활도 잠시였다. 함께한 지 7년 만에 테일러는 세상을 떠났다. 밀은 그의 자서전에서 테일러를 자신보다 더 뛰어난 사상가이며 삶의 영광과 축복이라고 설명

---

64 당시 자유당은 휘그당의 후신으로 토리당과 영국 의회를 양분했다. 토리당은 지주 계급의 이해를 대변했고, 자유당은 신흥 상공업 계층인 부르주아의 이해를 대표했다. 그러나 산업화의 진전으로 보수당이 부르주아의 이익까지 함께 대변하면서 자유당은 보수당으로 흡수됐다. 이후 노동자 이익을 대변하는 노동당이 생기면서 오늘날과 같은 양당 체제를 이뤘다.

했다. 테일러가 죽고 얼마 후 출판된 《자유론》의 서문에서도 이 글을 아내에게 바친다고 썼다.

밀의 삶을 이야기하면서 그의 아버지도 언급하지 않을 수 없다. 부친인 제임스 밀(James Mill) 또한 당대의 유명한 사상가였다. 런던에서 9남매의 장남으로 태어난 밀은 어린 시절부터 아버지에게 직접 교육을 받았다. 세 살 때부터 그리스어를, 여덟 살 때부터 라틴어를 배웠다. 이처럼 밀은 부유한 집안의 도련님으로 어릴 적부터 영재교육을 받았지만 평범한 사람들의 삶과 애환을 이해하는 몇 안 되는 공감형 리더였다.

밀은 가치관과 철학이 뚜렷한 원칙주의자였고 말과 행동의 일치를 강조한 노블레스 오블리주의 모범이었다. 보수주의는 지난 세월의 전통과 유산을 소중히 하며 그 안에서 내일의 해법을 찾는다. 정치가의 말 또한 마찬가지다. 보수 정치가는 말을 쉽게 내뱉어선 안 되며 꼭 지킬 수 있는 말을 해야 한다. 밀처럼 부유한 가정에서 자라고 어릴 적부터 좋은 교육을 받는 등의 사회적 혜택을 입은 사람이라면 기꺼이 이를 사회에 돌려줄 수 있어야 한다. 그게 바로 '노블레스 오블리주'다. 다음 장부터는 밀의 사상과 그것이 한국 정치, 특히 보수주의자에게 함의하는 바가 무엇인지 살펴보겠다.

2 / 밀의 방법론

밀의 사상을 토대로 자유주의의 정신이 무엇인지 따져보기에 앞서 보수와 진보를 나누는 잘못된 기준부터 짚고 넘어가자. 한때 한국 사회에선 특정 이슈에 대한 찬반을 묻고 각각의 입장에 따라 보수와 진보를 나눴다. 예를 들어 대북 지원, 기업 규제, 해외 파병 등에 대한 엇갈린 관점에 따라 기계적으로 둘을 나눴다. 그러나 사람은 모두가 똑같은 생각을 갖고 있지 않다. 대북 지원을 찬성하면서 기업 규제는 반대할 수 있고, 파병과 기업 규제를 모두 찬성할 수도 있다. 또 시대가 변하면서 그 때는 틀렸던 것이 지금은 맞을 수도 있다. 결국 이런 기계적인 구분은 오히려 보수와 진보를 구분하는 데 있어 오해와 편견을 낳을 뿐이다.

보수와 진보에 대한 가장 고전적 구별법은 앞서 살펴본 에드먼드 버크의 의견을 따르는 것이다. 그는 프랑스혁명과 계몽주의를 비판하면서 보수의 개념을 정립한 것으로 유명하다. 그의 논리를 다시 살펴보자. 인간만이 가진 합리적 이성은 매우 뛰어나다. 그러나 개별 인간의 힘으로는 불완전함을 극복할 수 없다. 그러므로 소수 엘리트의 생각대로 미래를 설계하고 이끌어 가는 것은 위험하다. 가보지 않은 새로운 길을 새로운 방법으로 가는 것은 더 큰 혼란과 갈등을 부를 뿐이다.

그렇다면 어떻게 해야 하는가. 개별 인간이 아니라 인류 전체가 쌓아 온 집단지성의 힘을 믿어야 한다. 집단지성은 선조들로부터 이룩해 온 전통과 문화를 말한다. 때론 과거의 유산이 극복돼야 할 인습일 경우도 있지만, 인류 역사에서 오랜 시간 내려온 전통은 그만큼 정당성과 효율성을 인정받았기 때문에 현재까지 존재하는 것이다. 그러므로 미래를 향해 가는 것은 특정 소수 집단이 설계한 개혁의 방식이어선 안 된다. 과거의 것을 토대로 한 점진적 개선만이 밝은 미래를 보장할 수 있다. 즉, 소수 엘리트의 뛰어난 이성보다는 다수가 형성한 집단지성의 힘을 강조한 것이 버크 사상의 핵심이다.

그런데 이런 개량주의적 입장은 밀의 생각과도 일치한다. 밀은 현대의 사회 체제와 문화, 의식 등이 모두 전통에서 기인한다고 봤다. 특히 인간 사회의 가장 근본 질서인 도덕에 대해서 후대의 사람들이 우리보다 앞선 세대의 사람들에게 큰 빚을 지고 있다고 말한다. 인간이 만들어낸 도덕은 필연적으로 불완전하고 일방적일 수밖에 없다. 그렇기 때문에 다양한 의견이 오가는 과정을 통해 지금과 같은 훌륭한 문화가 만들어졌다는 설명이다.

이와 함께 밀은 진리가 만들어지는 과정은 딱 한 가지뿐이라고 강조한다. 진리가 되기 위해선 무엇보다 다양한 생각이 움틀 수 있고 그 안에서 자유로운 토론이 가능해야 한다. 똑같은 진리라도 토론의 과정을 거쳤느냐, 그렇지 않느냐에 따라 질적으로 차원이 다르다. 수많은 토론을 통해 증명된 이론과 그저 그 이론이 옳다고 우기는 것은 매우 다른 이야기다. 진리일수록 많은 비판을 받고도 그 정당성이 입증돼야 한다.[65]

따라서 밀은 인간 문명이 발전할 수 있던 원동력이 오랜 시간 반복된 집단지성의 힘에 있다고 봤다. 우리가 지금과 같은 문명을 이룩할 수 있던 것은 개별적인 여러 의견이 모여 서로 틀린 것은 고쳐주고, 옳은 것은 그 정당성을 강화해 나가면서 지식의 체계를 만들었기 때문이다. 그러므로 진리는 완벽한 한 개인의 머릿속에서 나오는 게 아니라, 다양한 사람의 의견이 자유롭게 교환되고 원활한 토론이 이뤄질 때 진리는 그 모습을 드러낸다. 그러므로 자유로운 토론을 통해서만 전통과 유산이 만들어지고, 이런 문화가 많을수록 그 사회는 발전된 문명을 가질 수 있다.

---

65 밀턴의 '사상의 자유경쟁 시장', 칼 포퍼의 '반증가능성'도 비슷한 맥락이다.

요약하자면 버크는 보수의 개념을 정의했고, 밀은 그 방법론을 규정했다. 밀의 이런 방법론에 따라 자유로운 사상 교환에 입각한 생산적인 토론은 오늘날 대의민주주의 사회에서 가장 핵심적인 원리가 됐다. 고대 그리스의 시민들이 성인이 되기 위해 필수로 수사학을 배워야 했던 것도 정확하게 자신의 의사를 표현하고 타인의 의견을 들을 수 있는 능력이 시민으로서 가장 필요한 역량이라고 생각했기 때문이다.

3 / 자유의 다른 이름 법치

밀은 《자유론》의 첫 부분에서 자신이 제시한 자유의 개념을 명확히 했다. 즉, 철학에서 말하는 '의지의 자유'가 아니라 '시민의 자유', '사회적 자유'를 논하겠다고 했다. 다시 말하면 시민이 사회적으로 누리는 자유의 본질은 무엇이며, 어떤 경우에 국가가 개인을 상대로 자유를 제한하는 권력을 행사할 수 있는가에 대해 말하겠다고 밝혔다. 이는 인간이 공동체를 이뤄 살아가는 집단 안에서 자유가 어떻게 발현되고 이를 제한할 수 있는 근거는 무엇인지 따져보겠다는 이야기다.

실제로 인류의 삶은 자유를 억압하는 속박에서 벗어나려는 대립과 갈등의 역사였다. 마르크스식으로 말하면 생산수단을 둘러싼 지배계급과 피지배계급의 투쟁이 곧 역사다. 그러나 유사 이래 그 어떤 집권층도 자신의 힘을 약한 이들을 위해 사용하진 않았다. 그래서 밀이 생각한 과거 인류 역사에서의 자유는 지배계급의 압제로부터 보호받는 것이었다.

하지만 대의민주주의가 국가의 기본 정치체제로 자리 잡은 현 시대에는 국민의 이익이 곧 국가의 이익이며, 반대로 국가의 이익이 곧 국민의 이익이어야 한다. 그러므로 국민의 대표인 정치인은 국민을 위해 공무를 수행해야 하고, 만일 그렇지 못할 때는 그 자리에서 바로 물러나야 한다.

즉, 법치주의를 바탕으로 권력의 사용 범위와 용도를 정해놔야 현대 민주주의가 성립될 수 있다. 법치주의에는 국민이 법을 잘 지켜야 한다는 의미도 있지만 그보다 먼저 권력자가 오직 법에 의해서만 자신의 권한을 행사해야 한다는 뜻이 더욱 강하다. 그러나 한국의 민주주의 역사에서 보면 권력자는 종종 초법적 권한을 행사해 왔다.

대통령 윤석열이 탄핵된 것도 법치주의를 넘어섰기 때문이다. 반헌법적인 비상계엄으로 삼권분립을 훼손하고, 국민의 기본권을 침해한 것은 대통령직을 유지할 수 없을 만큼 큰 죄다. 자신의 사리사욕을 채우기 위해 비리를 저지른 게 아니라 하더라도, 그의 행동은 민주주의의 정체를 무너뜨리는 매우 심각한 사안임은 틀림없다.

법치주의를 넘어선 권한 남용은 비단 정치인에게만 국한된 이야기가 아니다. 이는 소위 '갑질'이라는 행태로 우리 사회 전반에 뿌리 깊이 박혀 있다. 잊을 만 하면 튀어나오는 사회지도층의 '갑질' 사건들 역시 자신에게 주어진 권한 이상을 규정과 제도의 한계를 넘어 남용하면서 생긴 일이다. 밀이 160년 전 영국 사회에서 했던 고민이 오늘날 한국의 현실에도 꼭 들어맞는다는 것은 매우 우울한 일이 아닐 수 없다. 그만큼 우리 사회의 자유주의와 민주주의의 깊이가 얕다는 뜻이기 때문이다.

결국 국가 체제로서 자유주의의 핵심은 법치주의다. 권력자가 오직 법에 따라 정치 행위를 할 수 있도록 한 이유는 인간의 핵심 권리인 자유를 보장하기 위해서다. 이는 개인의 자유를 제한할 수 있는 조건 또한 법에 따라 이뤄져야 한다는 의미이기도 하다. 즉, 개인의 자유가 침해될 수 있는 것은 오직 타인에게 피해를 줄 때이다. 이 경우를 제외하면 문명사회에선 그 어떤 때도 자유가 침해돼서는 안 된다.

이처럼 밀은 자유를 제한하는 조건을 매우 엄격하게 규정했다. 다만 그는 이런 자유의 원리가 의식이 성숙한 사람에게만 해당한다고 말한다. 같은 논리로 문명화되지 않은 사회의 경우는 이런 담론에서 제외하는 게 좋다고 지적했다. 그러면서 이들을 문명화시키기 위해선 독재가 용인될 수 있다고 설명했다. 자유의 원리는 합리적이고 이성적인 토론이 가능한 곳에서 가능

하기 때문이다.[66]

하지만 이런 주장은 밀의 사상에서 극히 일부에 지나지 않는다. 이 말만 침소봉대해 받아들인다면 밀의 사상을 잘못 이해한 것이다. 그의 사상의 핵심은 민주 사회에선 그 어떤 독재도 용납할 수 없다는 것이기 때문이다. 그러므로 일부 국가주의자들이 이런 지엽적인 문구에만 집착해 곡해해선 안 된다. 말 그대로 그가 이야기한 미개 사회는 '역사 발전의 초기' 상태에 있는, 민주주의와 자본주의 같은 개념도 존재하지 않는 원시 사회를 논한 것으로 해석하는 게 옳다.

이처럼 자유주의를 정치체제의 핵심으로 삼은 국가는 개인의 자유를 최대한 보장하고, 매우 제한된 경우에만 개인의 자유를 침해할 수 있다. 그것도 법치주의라는 원칙과 제도 아래서만 가능하다. 그런데도 국가 권력이 법과 제도를 넘어 자유에 위해를 가하려 할 때를 대비해 밀은 '결사'와 '표현'의 자유를 대안으로 제시한다. 물론 타인의 자유를 해치지 않을 때에서만 말이다.

개개인이 부당한 국가 권력에 맞서 싸우는 것은 불가능한 일이지만 '결

---

66 밀의 이런 생각을 오해하면 큰 위험을 초래한다. 문명화되지 않은 사회와 그에 속한 사람들의 기준을 어떻게 설정할 것인가 하는 점이 문제로 남기 때문이다. 예를 들어 과거 군사 독재 시절의 한국을 문명화되지 않은 사회로 규정한다면 그의 군부 독재 또한 명분을 얻을 수 있다. 실제로 밀은 문명의 초기 단계에선 넘어야 할 한계점들이 매우 많기 때문에 국가 발전을 위해서 어쩔 수 없는 경우에는 편법이 가능할 수도 있다고 했다.

사'된 개인은 각 개인의 합을 능가하는 힘을 갖기 때문에 자유주의 사회에서 국가 권력에 대항할 수 있는 핵심 수단이다. 오늘날 일상처럼 여겨지는 집회와 시위의 자유도 한국 사회에선 불과 40년 전만 하더라도 쉬운 일이 아니었다. 이런 자유가 없었던 1980년대의 대한민국은 밀의 관점에서 보면 제대로 된 자유주의 사회도, 온전한 민주주의 체제도 아니었던 것이다.

더불어 밀이 강조했던 '표현'의 자유는 자유주의, 그리고 민주주의의 가장 핵심 가치다. 모든 개인은 정치와 과학, 신학, 사회, 예술 등 모든 분야에 대해 자유롭게 말할 권리를 갖는다. 이것이 전제되지 않는다면 그 사회는 전체주의 사회다. 실제로 밀은 '표현'의 자유에 대해 매우 상세하게 설명하고 있다. 이에 대해선 다음 장에서 자세히 살펴보겠다.

4 / 외설도 용인한 자유주의

"나 같은 쓰레기에게도 표현의 자유가 보장되면 모든 시민의 자유도 보호되는 것이다." 1996년 개봉한 영화 〈래리 플랜트〉의 끝 부분에서 주인공이 법정에서 마지막으로 하는 대사다. 포르노 잡지인 《허슬러》의 사주인 플랜트는 외설 논란으로 소송을 당해 연방 대법원까지 갔다 무죄 판결을 받았다.

1983년 플랜트는 한 기독교 원리주의 목사를 풍자하는 가짜 인터뷰 기사를 싣고 '이것은 광고 패러디이니 심각하게 받아들이지 말라'고 썼다. 평소 자신과 자신의 잡지를 사사건건 비난하는 목사를 비판하기 위해 이런 방법을 쓴 것이다. 목사는 곧바로 소송을 걸었다. 물론 그전에도 플랜트는 외설

시비로 수차례 경찰서를 들락날락 했다.

연방 대법원까지 간 재판에서 플랜트는 미국의 수정헌법 1조를 내세웠다. 미국 시민으로서 정당하게 '표현의 자유'를 보장 받을 수 있다는 주장이었다. 당시 판결을 내렸던 대법원장 윌리엄 렌퀴스트는 "공무원과 공적 인물을 풍자하는 것이 불법이라고 할 수는 없다"고 판결했다. 당시 언론은 저속한 포르노 잡지조차 표현의 자유를 보장받는 사회라며 자유의 나라 미국을 치켜세웠다.

만일 같은 일이 한국에서 벌어졌다면 어땠을까. 실제로 플랜트보다 정도는 약하면서도 더욱 가혹한 처벌을 받았던 사건이 있다. 1992년 소설《즐거운 사라》를 출간한 고 마광수 교수의 이야기다. 책은 다양한 성 경험을 통해 자신의 정체성을 찾아가는 여대생 사라의 모습을 그렸다. 교수와의 성관계, 친구와의 동성연애 등 당시로서는 매우 파격적인 소재를 담았다.

이 때문에 당시 온 사회가 발칵 뒤집혔고 검찰은 음란문서 제조 및 반포 혐의로 그를 구속했다. "성행위가 여과되지 않고 사실적이어서 건전한 도덕성을 파괴하고 성 질서를 문란케 한다"는 이유였다. 여론도 그를 마치 '색정광' 취급했다. 이 일로 마 교수는 대학에서 파면됐다. 훗날 복직되긴 했지

만 그에게 찍힌 낙인은 지울 수 없는 것이었다.[67]

외설의 정도로만 놓고 보면 마 교수가 플랜트를 따라갈 수 없다. 그러나 결과는 정반대였다. 아마도 지금 《즐거운 사라》가 나왔다면 그 정도로 시련을 겪진 않았을 것이다. 지금은 소설보다도 더 외설적이고 폭력적인 뉴스들이 신문을 장식하고 있기 때문이다. 이런 뉴스가 있고 없고를 떠나서, 자유주의 사회에서 그에게 가해진 폭력은 매우 심각한 문제였다. 우리에게도 미국과 같은 자유주의 의식과 질서가 있었다면 그는 사회에서 매장당하지 않았을 것이다. 그러나 매우 아이러니한 점은 스스로를 자유주의자라고 생각하는 한국의 보수 정치인에게 이 사건에 대한 견해를 물으면 대부분 1990년대 검찰의 판단과 크게 다르지 않다.

밀이 이 사건을 목격했다면 혀를 내둘렀을 것이다. 그는 자유를 구속하는 것, 그 중에서도 표현의 자유를 억압하는 것에 대해 매우 비판적이었기 때문이다. 전 세계의 사람 중에서 단 한 명이 다른 생각을 한다 해도 그가 입을 다물도록 해선 안 된다는 것이 밀의 생각이다. 왜냐하면 지금 당장은 그가 소수 의견이고, 또 틀린 의견일 수 있지만 언젠가는 다수 의견 또는 옳은 의견이 될 수도 있기 때문이다. 그렇기 때문에 소수 의견에 재갈을 물리는 것

---

67 마광수 교수는 연세대 국문과를 수석으로 입학·졸업하고 33세에 모교 교수가 된 촉망받는 인물이었다. 청록파 박두진의 추천으로 시인 등단도 했고 여러 편의 시집과 소설을 남겼다. 하지만 문학계의 지나친 엄격함과 위선을 비판하고 풍자하면서 문단의 비주류로 살았다. 그러다 결국 《즐거운 사라》 때문에 대학에서 강의 도중 잡혀가는 수모를 겪었다. 이때의 필화 사건으로 우울증을 겪다 2017년 자택에서 비극적으로 삶을 마감했다.

은 더 나은 생각과 이론을 만드는 데 있어 해가 된다. 훗날 그의 의견이 옳은 것으로 판명 난다면 잘못을 바로잡고 진실을 세우는 기회가 된다. 만일 틀린 생각이라 해도 기존의 옳은 생각이 얼마나 공고한 것인지 다시 증명하는 일이 된다.

하지만 이런 표현의 자유가 전제되지 않을 때 권력은 더욱 흉폭해진다. 독선과 아집에 가득 찬 사람들은 타인의 생각을 듣지 않는다. 확신은 자신과 다른 것을 틀린 것으로 간주하고, 이를 배척하며 없애려고 한다. 독선을 가장한 순교자들의 진리는 그렇지 않은 이들을 억압하고 폭력으로 대한다. 그러므로 타인의 생각을 인정하지 않는 것은 폭력성을 더욱 키우는 일이다.

표현의 자유는 이런 폭력성을 막는 매우 근본적인 해결책이다. 세상에서 그 어떤 개인도 진리를 확신해 말할 수 없다. 어제의 진리가 오늘의 거짓이 되기도 하고, 오늘의 망상이 내일의 현실이 되기도 한다. 밀은 지금 우리가 옳다고 믿는 생각 중 많은 것들이 미래에는 틀린 것이 될 가능성이 높다고 말한다.

만일 요즘 문단의 누군가가 그와 비슷한 작품을 발표한다고 치자. 과연 1990년대 마광수 교수에게 가했던 폭력이 똑같이 재현될까. 밀의 말대로 세월이 흐르면 그때의 행동이 잘못됐을 뿐 아니라 우스꽝스러운 것이란 사실을 깨닫게 된다. 아직도 우리 사회에는 사상의 관용과 다양성이 부족하지만,

그래도 다행인 것은 마 교수가 필화 사건을 겪던 때보다는 훨씬 나아졌다는 점이다.

밀은 리더의 핵심적 자질로 열린 마음을 이야기한다. 다양한 사람들의 의견을 열린 자세로 듣지 않고선 그 어떤 진리에도 다다를 수 없다는 것이다. 역사에 존재했던 모든 지혜로운 현자들은 이런 방식으로 진리를 깨우쳤다고 설명했다. 이 말을 사회과학적 개념으로 말하면 '반증 가능성'이라고 부를 수 있다. '부정될 수 없는 과학은 과학이 아니다'는 칼 포퍼(Karl Popper)의 말처럼 모든 과학은 반증 가능성이 있어야 한다. 만약 그게 없다면 신의 계시이거나 종교적 믿음일 뿐이다. 그런 의미에서 보면 보수 정치인 중에는 종교적 교리를 강조하는 사람들이 유난히 많다. 토론과 논쟁에 인색하고 자신의 생각에 반박하는 것을 극도로 싫어한다.

요약하면 자유주의 사회에서 표현의 자유와 토론의 중요성은 마치 심장과 혈액만큼 중요하다. 그런 의미에서 밀은 뉴턴의 물리학이 오늘날 많은 이들로부터 신뢰를 얻는 이유가 수많은 비판과 의심의 대상이 됐기 때문이라고 말한다. 반복된 토론과 검증 속에서 살아 남은 이론이야말로 진정한 진리에 가까이 가 있는 것이다. 토론과 반박을 거부한다면 이는 자기 스스로 논리가 허약하고 합리적 근거가 부족한 주장이라는 것을 인정하는 꼴이다.

5 / 자유를 논하는 원칙

앞서 살펴본 것처럼 자유주의를 실현하는 가장 현실적인 방법은 토론이다. 민주주의 사회에서 원활한 토론이 이뤄지지 않으면 그 어떤 올바른 의사결정도 내릴 수 없다. 그러나 우리는 보통 '만장일치'를 선호한다. 하다못해 중국집에서 음식을 시켜 먹더라도 연장자나 윗사람이 자장면이든 짬뽕이든 무엇 하나를 외치면 그대로 통일하는 경우가 많다. 이는 가정에서나 학교는 물론이거니와 직장에서도 마찬가지다.

심지어 가장 자유로운 토론이 이뤄져야 할 정당 안에서도 이런 경우는 비일비재하다. 특히 '당론'이라는 꼬리표가 붙으면 개별 국회의원들은 당과 다른 입장이 나가는 것조차 매우 조심스러워 한다. 정당에서 당론을 내세우면 당의 정체성이 명확해지고 위기 상황에서 일사분란하게 움직일 수 있다는 장점이 있지만, 대부분은 정략적인 경우에 '당론'이란 딱지를 붙이는 경우가 많다. 따라서 의원들은 개인의 소신과 철학에 다소 위배되더라도 당 지도부의 입장을 그대로 따라야 한다. 그렇지 않고 이런 일이 쌓이면 공천 등 중요한 순간에 불이익을 받을 확률이 크다.

하지만 모두가 찬성하는 의견은 '독'이 된다. 경영의 신 잭 웰치(Jack Welch)도 반대 의견이 하나도 없는 사업에 대해선 아예 원점에서부터 다시 생각했다고 한다. '만장일치'는 득이 되는 경우보다 오히려 해가 되는 일이 많기 때문이다.

그러므로 밀은 다른 의견을 제기하는 사람에게 감사해야 한다고 말한다. 일반적인 주장에 대해 반박할 수 있는 소수 의견이 있어야만, 일반론이 채울 수 없는 진리의 공허한 부분까지 메울 수 있기 때문이다. 이를 위해선 앞서 말한 반증 가능성이 충분히 인정받고, 열띤 토론이 벌어져야 한다. 하지만 현실은 그렇지 않다. 대다수의 사람들은 자신이 보고 싶어 하는 것만 본다. 이는 논쟁적인 이슈를 접할 때 비판적으로 학습하며 지식과 주장을 습득하는 게 아니라, 무비판적이며 수동적으로 받아들이기 때문이다.

TV 토론을 보면 첨예한 정치 이슈를 둘러싸고 보수와 진보 진영의 정치인이 나와 '설전'을 벌이는 경우가 많다. 이때 밀의 이야기처럼 양측의 논리를 두루 꿰고 있으면서 논리적으로 주장을 펴는 토론자를 접하는 것은 흔한 일이 아니다. 하지만 대체적으로는 진보의 의견이 보수보다 논리가 치밀한 경우가 많다. 책에서 계속 논의해 왔던 것처럼 보수는 현재를 바꾸기보다는 지금의 상황을 유지하길 원하기 때문이다. 따라서 현 상황을 바꾸기 위해선 설득력 있는 이유가 필요하고, 그러므로 진보는 보수에 비해 더 많은 합리적 논거들을 고민하게 된다.

아울러 지난 수십 년간 진보는 기득권과 싸우기 위해 치열하게 토론하고 투쟁해 왔다. 특히 미래에 대한 계획을 세우고, 이를 실현해 갈 방법론을 논의하는 과정에서 진보 진영 안에서도 열띤 토론이 벌어진다. 이런 습관들이 몸에 밸수록 그들은 토론에 익숙해진다.

반면 보수는 진보에 비해 다소 권위적 문화에 길들여져 있기 때문에 자유롭게 의견을 피력하기보다는 순응하는 것에 익숙하다. 이렇게 여러 가지 복합적 경험들이 얽히고설키면서 보수 정치인은 소위 진보 정치인보다 '말발'이 약한 경우를 종종 보게 된다. 흔히 TV에서 유명한 토론자로 일컬어지는 사람들의 다수는 진보 진영의 인사들이다.

밀도 토론의 중요성을 강조했다. 그러면서 토론에선 내용도 중요하지만 더 중요한 것은 자세라고 이야기 했다. 자신의 주장만 피력할 게 아니라 상대

방의 의견도 경청할 수 있어야 올바른 진리를 추구할 수 있다는 것이다. 특히 기득권을 가진 사람들의 경우 언어폭력을 쓰거나 고압적인 자세로 일관하다 반대 의견은 들어보지도 못하고 토론이 끝나는 경우가 있다고 했다. 결국 진리를 찾기 위해선 언어폭력을 막는 것이 중요하다는 게 밀의 생각이다.

실제로 토론에서 태도는 무척 중요하다. 만일 적절한 표현법을 모르고 비이성적으로 대처하거나 감정적으로 흐르기 쉬운 사람은 그 내용이 좋고 나쁨을 떠나 토론자로서 자격이 없다. 그렇기 때문에 밀은 올바른 토론 자세를 갖지 못한 사람에 대해선 신랄한 비판을 해야 한다고 말했다. 반면 상대의 이야기를 경청하고 자세히 들어줄 준비가 된 사람은 그가 누구이며, 어떤 생각을 가졌든 존경해야 한다고 평가했다.

이처럼 토론에선 유연한 자세와 바른 매너, 경청하는 태도가 내용보다 중요하다. 이는 마치 축구 선수가 미리 정해진 룰에 따라 경기를 하는 것과 마찬가지다. 아무리 기량이 뛰어난 선수도 룰을 어긴다면 그라운드 위에 설 수 없다. 밀은 누구보다 표현의 자유를 강조한 사람이지만, 이를 보장받기 위해선 그만한 자격을 갖춰야 한다고 했다. 이런 논리에서 본다면 적어도 앞서 지적한 보수 출연자의 태도는 올바른 토론자의 자세를 갖고 있지 않다고 할 수 있다.

자세 다음으로 토론에서 중요한 것은 사실과 의견을 구분하는 일이다.

그리고 의견을 말했다면 무조건 사실로써 논증을 해야 한다. 만일 의견만 이야기하고 논거를 대지 않는다면 그 주장은 설득력이 없다. 오히려 싸우게 된다. 자신의 의견을 피력하는 토론에선 더욱 엄격하게 사실과 의견을 분리해 말해야 하고, 의견을 낼 경우에는 이를 뒷받침할 수 있는 논거를 대야 한다. 그렇지 않으면 올바른 토론을 할 수 없다.

8장

창조적 보수를 위한 리라이트

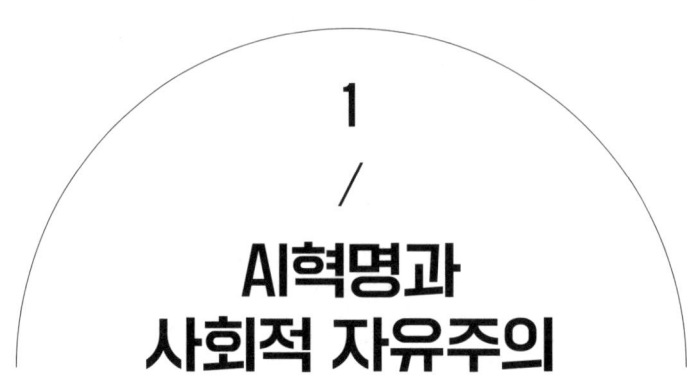

1 / AI혁명과 사회적 자유주의

우리 눈앞에 놓인 새로운 기술혁명의 시대에는 자유주의가 더욱 필요하다. 지금까지의 기술발전과는 차원이 다른 세상이 펼쳐질 것인데, 새로운 도전을 하는 데에 있어 자유주의만큼 강력한 무기는 없기 때문이다. 무엇보다 우리는 세계적인 미래학자인 제레미 리프킨(Jeremy Rifkin)의 이야기처럼 '노동의 종말'을 향해 가고 있다. 그런 시대에 자유주의에 바탕을 둔 창의성과 개별성, 다양성 등이 문화에 녹아 있지 않다면 우리는 끓는 물 속의 개구리가 될 수 있다.

실제로 지금까지의 기술발전은 모두 인간의 직업을 사라지게 만들었다.

1980년대 중반까지만 해도 전국 곳곳에서 볼 수 있던 '버스 안내원'은 자동문과 하차 벨이 생기고 교통카드의 상용화로 불과 몇 년 사이에 사라졌다. 미국에선 1880년대 처음 등장한 엘리베이터 도우미가 1950년대 12만 명으로 정점을 찍더니 1960년대 6만 명으로 반 토막 나고 얼마 후 없어졌다. 산업의 발달로 일어난 대표적인 '직업 증발'의 사례다.

특히 AI가 기술적 특이점[68]에 의 가까워질수록 '증발'의 강도는 더욱 세질 것이다. "조만간 AI가 지식과 정보의 습득 능력뿐 아니라 논리와 추론의 영역에서도 인간을 뛰어넘을 것"(미래학자 레이 커즈와일)이기 때문이다. 일본의 소프트뱅크 손정의 회장은 "30년 후 특이점이 올 것"이라고 예측한다.

물론 없어진 직업보다 훨씬 많은 일자리가 생겨났기 때문에 지금까지는 크게 문제되지 않았다. 그러나 앞으로는 다르다. 지금까지의 기술발전이 인간의 신체를 확장하는 것이었다면, 현재 진행되고 있는 기술혁명은 우리의 지적 능력까지 대체한다. 전문직이라 여기는 의사, 변호사, 회계사 등과 같은 직업들조차 AI가 대체하고 있다. 물론 직업 자체가 사라지진 않겠지만, 지금과는 매우 다른 역할 변화가 일어날 것이다.

그렇다면 미래 인간은 어떻게 해야 할까. AI가 인간 직업의 상당 부

---

[68] 특이점(Singularity): 기계가 인간능력을 넘어서는 시점.

분을 대체하는 시대에 살아남으려면, AI가 가질 수 없는 역량을 길러야 한다. 우리는 먼저 AI의 본질에 대해 알아야 한다. AI는 말 그대로 인공 '지능(intelligence)'이다. 지능은 추리와 연산, 논리 등 인지 능력을 뜻한다. 하지만 인간에게는 지능만 있는 게 아니다. 누군가를 좋아하고 싫어하며, 새로운 걸 만들어 내고 상상하는, '생각(thinking)'할 줄 아는 능력이 있다. 아무리 능력이 뛰어나도 AI는 디지털로 구성된, 잘 짜인 하나의 알고리즘이다.

인간이 세상을 인지하고 판단 능력을 갖출 수 있는 것은 경험과 그로 인한 학습 때문이다. 마찬가지로 AI 역시 데이터가 있어야만 지능을 가질 수 있다. 결국 AI가 존재하기 위해선 세상의 아날로그 정보를 디지털 언어로 전환해야 한다. 여기서 정보는 0과 1의 조합, 즉 디지털로 변환 가능한 '정량화'된 기호 체계를 의미한다. 하지만 정량화하기 어려운 정보는 입력 자체가 쉽지 않다. 대표적인 게 '직관(直觀, intuition)'이다.

직관은 보통 '통찰(洞察, insight)'과 함께 쓰이는데, 평범한 사람들이 생각해 내지 못하는 것들을 본질적인 곳까지 깊이 바라보는 사람을 일컬어 통찰과 직관이 뛰어나다고 한다. 둘 모두 '내적(in-)'인 의미를 담고 있다. 그런데 통찰은 '예리한 관찰력으로 사물과 현상을 꿰뚫어 보는 것'인 반면 직관은 '감각과 경험, 연상, 판단, 추리 따위의 사유 작용을 거치지 않고 대상을 직접적으로 파악하는 것'이다. 즉 통찰은 경험한 정보를 날카롭게 살펴보고(sight) 논리와 추론을 통해 결론을 내는 것이지만, 직관은 이성적 사고의 과정이 생략돼 있다. 통찰이 관찰을 통해 꿰뚫어 보는 능력이라면, 직관은 딱 보면 아는 것이다.

직관의 영역 중에서도 최상위에 있는 것은 바로 창의성이다. 알베르트 아인슈타인(Albert Einstein)은 "인간의 능력 중 제일 가치 있는 것은 직관과 그로 인해 나타나는 상상력"이라고 말했다. 앞서 제레미 리프킨도 인류가 '노동의 종말' 시대를 향해 가고 있다고 진단했듯, 생산기술의 자동화로 기존 산업에선 인간 노동자가 거의 필요하지 않게 될 것이란 전망이다. 결국 AI와 자동화 기술로 인간 일자리의 상당 부분이 대체될 것이기 때문에 우리는 AI가 할 수 없는 일을 해야 한다.

실제로 많은 전문가들이 미래에 가장 필요한 능력으로 창의성을 꼽고 있다. 중앙일보가 한국 사회를 이끌어가는 각 분야의 리더 100명에게 미래 사회에 필요한 인재의 역량을 물었더니, 그 첫 번째가 창의성(29명, 중복응답)이었다. 아이폰을 개발해 21세기의 가장 혁신적 기업인으로 꼽히는 스티브 잡스(Steve Jobs)도 생전에 '창의성'이 미래 인재의 가장 중요한 능력이라고 강조했다.

그런데 이런 창의성은 자유주의의 토양에서 자란다. 권위적이고 수직적인 문화에선 창의성과 상상력이 배양되기 어렵다. 밀은 이런 의미에서 사회 구성원 각자의 '개별성'을 강조한다. 그래야만 사회가 발전할 수 있다. 개별성이 보장되지 않는다면 그 사회는 성장의 동력을 잃고 앞으로 나아갈 수 없다. 인간 개개인의 개별성이 존중받고 자유롭게 자아실현을 할 수 있을 때 사회 전체의 문명 수준도 높아진다.

그러나 한국 사회는 지나치게 엄숙하고 권위주의적이다. 불과 몇 년 전까지만 해도 학교에선 '두발 단속'이란 것이 있었다. 외모는 개인의 개성을 드러내는 가장 쉬운 방법 중 하나다. 그러나 '용모 단정'이란 슬로건 아래 학생들을 하나의 틀로 묶어두려고 했다. 이유는 하나뿐이다. 그렇게 해야 학교가 학생을 통제하기 쉽기 때문이다. 이런 논리는 비단 학교뿐 아니라 직장과 사회에도 그대로 적용된다. 정치의 영역에서 정치인 개인의 의견보다 당 전체의 이념이 더욱 강조되는 것도 같은 이치다. 하지만 개별성을 억압하는 모든 구조와 체제는 그저 전체주의의 다른 이름일 뿐이다.

창조적 보수는 사회·문화 전반에서 자유주의를 더욱 확대해야 한다. 그 기저에는 이런 개별성이 깔려 있다. 미래에 우리는 지금껏 경험해 보지 못한 새로운 도전들에 직면할 것이다. 이를 안정적으로 헤쳐나가기 위해선 개개인의 능력이 최대한 발현될 수 있고, 이들의 결과물이 사회 전체의 공동선으로 합치될 수 있는 제도와 문화를 만들어야 한다. 그것이 바로 창조적 보수가 할 일이다. 아울러 이처럼 자율과 개별성을 강조하는 정신은 말이 아니라 행동으로 이뤄져야 한다.

2 / 자유에서 파생되는 가치

혹자는 보수가 나아가야 할 구체적인 개혁 방향을 이야기하지 않고 왜 이렇게 원론적인 자유주의 타령만 하는지 의문이 들 수 있다. 그래서 이 책을 쓴 목적을 다시 밝힌다. 첫째 기득권 보수가 창조적 보수로 새롭게 태어나기 위해선 자유주의를 근간으로 삼아야 한다. 둘째 그러려면 자유주의가 무엇인지 정확히 알아야 한다. 이 두 가지가 이 책을 쓴 목적이다.

개헌을 통해 권력 구조를 바꿔야 하고, 공천 제도를 투명하게 개혁해야 하는 등의 이야기는 다른 사람들도 할 수 있다. 그러나 왜 그걸 해야 하는지, 한국적 보수가 어떤 철학과 정신을 가져야 하는지 설명할 수 있는 사람은 흔치 않다. 그래서 나는 진짜 자유주의, 진짜 보수주의가 무엇인지 설명하기 위해 이 책을 썼다. 창조적 보수가 내걸어야 할 어젠다와 구체적인 정책 등은 다른 저작을 통해 다시 밝히도록 하겠다.

이번 장에서는 자유의 가치가, 또 그 안에서 파생되는 개방·다문화·관용의 정신이 어떻게 한 나라와 문화를 발전시켰는지 몇 가지 역사적 사례들을 살펴보고자 한다. 이를 통해 자유의 정신을 보수 정치의 핵심 이념으로 받아들이고, 나아가 국가의 정신으로 삼았을 때 어떤 미래가 펼쳐질지를 생각해 보는 것이 목표다.

제일 먼저 소개할 것은 고려다. 개경의 국제항인 벽란도(碧瀾渡)는 동아시아 무역의 허브였다.[69] 이규보는 《동국이상국집》에서 벽란도를 다음과 같이 묘사했다. "물결은 밀려왔다 다시 밀려가고, 오가는 뱃머리 서로 잇대었네. 아침에 이곳을 출발하면, 한낮이 못 돼 남만(南蠻)에 이르겠네." 남만은 현재의 중국과 베트남 접경지역을 뜻한다. 다소 과장된 표현이지만, 벽란도는 그만큼 국제 무역항으로 번성했다.

특히 송나라에서 무역 배가 들어오는 날이면 항구 일대는 수천의 인파

---

69 우리 문화가 가장 융성했던 시기를 꼽으라고 한다면 주저 없이 고려를 말한다. 한자 그대로 고려는 '빼어난 아름다움(高麗)'이란 뜻이다. 후기 고려가 권문세족의 횡포로 몰락의 길을 걷긴 했지만, 몽골이 쳐들어오기 전까지 고려는 문화의 용광로였다.

가 몰렸다. 이규보의 표현처럼 어선과 관선, 외국 상선이 즐비해 나루 사이를 잇는 배다리(船橋)가 형성되기 일쑤였다. 《고려사》에 따르면 1014년(현종 3년)부터 1278년(충렬왕 4년)까지 모두 120여 차례, 5000여 명의 송나라 사람들이 입국했다. 거란과 여진, 일본, 아라비아에서까지 사람들이 드나들며 전 세계에 '꼬레아'라는 이름을 알렸다.

이처럼 벽란도는 동아시아 제일의 항구였다. 찬란한 문화유산을 꽃피우며 고려가 세계를 품었던 곳이다. 과연 고려는 그 이후의 시대인 조선과 무엇이 달랐기에 이처럼 대표적 무역항을 가질 수 있었을까. 그것은 바로 자유의 가치와, 그 안에서 파생되는 개방·다문화·관용의 정신이 보장된 사회였기 때문이다. 벽란도를 통해 송과 거란을 비롯, 아라비아의 상인까지 드나들며 개성을 국제도시로 만들었다. 유입된 외국 문물은 고려의 정신이 담겨 재창조되고 이는 다시 실크로드로 이어졌다.

고려 사회는 국내는 물론 국외로부터 다양한 인재와 문물을 영입했다. 《고려사》에 따르면 광종은 후주(後周)에서 시대리평사[70]를 지낸 쌍기(雙冀)를 영입해 과거제를 실시하는 등 적극적인 외국인 등용책을 썼다. 요직을 맡은 중국인만 40명이 넘고 몽골·아랍인도 국정에 참여했다. 국민대 박남기 교수에 따르면 당시 귀화한 일반 외국인만 해도 전 백성의 8.5%에 해당할 만

---

70 시대리평사(試大理評事): 국가고시를 관리하는 책임자.

큼 다문화 사회였다.

이런 개방·다문화·관용의 정신은 고려 문화를 명품으로 만들었다. 고려의 대표 문물인 고려청자·팔만대장경·금속활자·고려한지·나전칠기·고려불화 등은 아라비아까지 전파되어 큰 사랑을 받았다. 고려 공민왕 때 문신 이제현은 《사략》에서 "광종의 개방·개혁 정책으로 고려의 문물이 중국에 버금갔다"고 평가했다.

고려처럼 자유의 정신이 깃든 곳은 어디든 그 나라의 문화를 발전시킨다. 17세기 네덜란드도 자유의 정신을 바탕으로 수많은 인재와 문화를 수용하며 번성했다. 당시 네덜란드는 유럽 전역에서 박해를 받아 피난 온 수많은 인재들을 수용해 문화적 융성을 이뤘다. 16세기 영국과 프랑스에 한참 못 미쳤던 네덜란드는 18세기까지 높은 성장을 이루며 두 나라를 추월했다. 그 이유는 네덜란드에는 자유의 정신과 그 안에서 비롯되는 개방·다문화·관용의 가치가 살아 숨 쉬었기 때문이다.

현대 사회에선 대표적인 예가 싱가포르다. 싱가포르는 2005년 1인당 국내총생산(GDP)이 2만 9869달러로 한국과 엇비슷했다. 2023년 한국은 3만 5569달러로 성장할 때, 싱가포르는 6만 5422달러가 됐다. 아울러 18만 7000여 개의 다국적 기업이 주재하는 '글로벌 비즈니스'의 허브로 성장했다. 550여만 명의 전체 국민 중 160만 명이 외국인일 정도로 국제화 정도가 높다. 세계은행이 발표하는 '기업하기 좋은 나라' 순위에선 늘 최상위권이다.

수십 년간 권위주의적 정치체제를 유지했던 싱가포르는 2000년대 이후 자유주의 정신을 강조하며 적극적인 개방정책을 폈다. 민족이 다르다고, 피부색이 같지 않다고 타인을 배척하고 편견을 갖는 일을 없앴다. 다문화적 감수성을 키우고 외국인에게 장벽이 높았던 각종 규제들을 풀면서 매력적인 나라로 도약했다. 그러면서도 철저한 법치, 부패 관리, 투명한 행정 등 믿고 투자할 수 있는 문화를 만들면서 전 세계인을 끌어모았다.

이처럼 자유의 정신과 그 안에서 파생되는 개방·다문화·관용의 가치는 나라를 발전시키는 가장 큰 동력이다. 역사에서 이를 뒷받침하는 사례는 앞서 살펴본 것 외에도 무수히 많다. 세계 최대의 제국을 건설한 칭기즈칸도 이와 유사하다. 즉, 전체 인구 200만 명에 불과했던 몽골이 세계를 정복할 수 있었던 이유는 개방·다문화의 정신을 갖고 있었기 때문이라는 이야기다.

칭기즈칸은 피지배 민족 중 저항하는 세력은 가차 없이 처단했지만 순응하는 이들은 깊이 포용했다. 특히 기술자들을 우대했다. 그는 각 분야의 전문가들을 극진히 대하고 그들이 자신의 꿈을 펼칠 수 있게 도왔다. 능력이 있으면 신분도 가리지 않았다. 제일 하층민이던 노예들에게도 자신의 능력만 출중하다면 신분을 가리지 않고 중요한 보직을 줬다.

이런 개방 정신은 칭기즈칸이 자신들보다 체구가 훨씬 큰 중동과 유럽의 병사들을 상대할 때 큰 힘을 발휘했다. 처음 칭기즈칸의 군대는 원래 기마병이 주력이었지만 나중에는 화약을 이용한 대포 등 각종 전투 장비를 이용하게 됐다. 정복한 나라의 기술을 흡수해 자신의 것으로 만든 것이다. 이처럼 칭기즈칸이 세계 제국을 이룰 수 있던 가장 큰 이유는 관용과 다양성의 힘이었다.

3 / 교육은 리라이트의 미래

자유주의의 뿌리를 굳건히 하려면 교육이 매우 중요하다. 특히 미래 사회는 인적 자원의 중요성이 더욱 커지기 때문에, 국가 발전을 위해선 교육이 전부라 해도 과언이 아니다. 그런 의미에서 미래는 '휴마인(Humine, Human+Mine)'의 시대라고 부를 수 있다. 19세기에 금광이, 20세기에 석유가 그랬던 것처럼 21세기는 사람이 핵심 자원이 되는 시대란 뜻이다. 앞으로 나라의 국력을 따지는 주요 지표인 GDP의 개념도 사람을 중심으로 변하게 될 것이다. 1년 동안의 총생산량이 얼마인지가 중요한 게 아니라, 생산을 할 수 있는 자산, 특히 인적 자산이 얼마나 많은지가 그 나라의 국력이 될 것이다.

실제로 미국의 전설적 투자가 레이 달리오(Ray Dalio)는 국가 번영의 필수 요건으로 교육을 꼽았다. 500년간의 방대한 통계자료를 바탕으로 선진국의 발전 원리를 연구한 결과다. 그는 "교육력이 높아야 기술혁신을 이끌고 생산성과 군사력을 키워 강대국이 된다"고 했다.[71] 당연해 보이지만 이를 실현한 국가는 몇 안 된다.

1581년 스페인에서 독립한 네덜란드는 다양한 인재를 받아들여 신문물을 빠르게 흡수했다. 교육투자를 대폭 늘려 네덜란드의 대학 수는 유럽 전체 대비 1600년 1%대에서 1700년 6%대로 증가했다. 출판물 비중도 같은 기간 1%대에서 8%대로 급증했다. 교육이 발전하자 지식수준이 높아졌고 이는 국부의 증대로 이어졌다.

경제사학자인 앵거스 매디슨(Angus Maddison)은 네덜란드의 1인당 GDP가 1600~1700년 1381달러에서 2130달러로 증가했다고 설명한다. 1700년 네덜란드의 경제력은 영국(1250달러), 독일·프랑스(910달러)를 압도했다.[72] 달리오는 "당시 네덜란드는 세계 무역의 3분의 1을 차지했고, 길더(Guilder)화는 최초의 기축통화였다"고 했다.

뒤이은 영국·미국도 비슷한 원리로 번영의 길에 올랐다. 교육수준이 높

---

71 레이 달리오(2022). 《변화하는 세계질서》. 한빛비즈.
72 '매디슨 프로젝트'.

아져 기술혁신이 일어나고 국부가 커졌다. 아시아에선 일본이 메이지유신 후 근대교육에 힘쓰며 강대국으로 발돋움했다. 한국전쟁이 끝나고 대한민국을 발전시킨 원동력도 교육이었다.

그러므로 우리는 지금보다 훨씬 더 교육에 관심을 가져야 한다. 그렇다면 어떤 교육이어야 하는가. 앞서 살펴본 것처럼 앞으로는 인간의 상상력과 창의성이 미래를 좌우하게 된다. 지금까지는 기존에 있는 직업과 산업 분야에서 열심히 경쟁해 1등을 차지하면 됐지만 이제는 전에 없던 일자리와 새로운 비즈니스를 만들어내야 성공할 수 있다. 창의성과 상상력을 키우는 것, 올곧은 마음과 바른 매너를 갖도록 하는 일이 학교의 가장 큰 사명이다.

그러나 현재의 교육 체제로는 이런 목적을 전혀 달성할 수 없다. 지금의 교육 방식은 19세기 산업사회가 만들어놓은, 단순 노동자를 키우는 데 최적화된 시스템이기 때문이다. 더욱이 진보 정부가 강조하는 교육정책의 방향은 필연적으로 하향평준화로 갈 수밖에 없다. 역사의 수레바퀴를 뒤로 돌리고 있는 것이다. 지금처럼 획일성을 강조하고 개별성을 억압하는 교육 체제 아래에선 미래 인재를 키워낼 수 없다. 그러므로 보수가 나서 가장 먼저 신경 써야 할 부분이 교육이다.

전략적인 측면에서도 교육은 보수가 공략해야 할 이유가 매우 충분하다. 첫째, 미래의 주역들이 어떤 가치관과 태도를 갖고 성장하는가는 정치에서 매우 중요한 이슈다. 지금 당장의 표만을 바라보는 근시안적 정치인이라면 큰 관심이 없겠지만 진정 대한민국의 미래를 생각하는 정치인이라면 교육에 관심을 갖지 않을 수 없다. 하지만 그동안 보수는 교육에 문외한이었거나 큰 열정을 쏟지 않았다. 왜 그랬을까.

먼저 교육은 정책 수혜자와 유권자가 일치하지 않는다는 특수성을 갖고 있다. 그러므로 수요자인 학생들의 니즈(needs)를 반영하려는 노력이 부족했다. 오히려 학부모와 교사 등 표를 가진 어른들의 입맛에 맞는 정책을 펴왔다. 민주주의와 시장경제를 근간으로 하는 사회에서 수요자의 니즈를 맞추지 않고 세운 정책이니 그 효과가 어땠을지는 불 보듯 뻔하다.

다음은 학교 현장에 미치는 전교조의 목소리가 매우 크다는 점이다. 특히 교육감을 선거로 뽑게 되면서 대부분의 지역에선 전교조 출신이거나 전교조를 지지하는 진보 성향의 교육감이 대거 당선됐다. 자치단체 안에서 별다른 견제 세력이 없는 교육감은 매우 막강한 권한을 갖고 있다. 또 교육부의 손길은 학교 곳곳에까지 닿지 않는다. 그러므로 학교와 교사는 교육감의 영향에서 절대 자유로울 수 없다.

이런 상황이다 보니 교실이 한쪽으로 편향된 이념의 장으로 변질되는 경우도 많다. 물론 학교가 순도 100%의 비정치적 공간일 수는 없다. 오히려 교실에서 지금보다 더욱 치열하게 정치 이슈를 다뤄야 한다. 다만 그 방식은 매우 자유주의적이며 중립적이어야 한다. 하지만 현재로서는 보수, 진보를 떠나 학교에서 열린 마음과 자세로 정치 이슈를 논할 수 있는 여건이 안 된다. 학교 현장에서는 정치 이슈라고 해서 피할 게 아니라 학생들이 적극적으로 자기 의견을 개진하고 논리적으로 설명하는 능력을 기르도록 해야 한다.

사교육 문제는 함부로 건드리면 안 된다. 역대 어느 정권도 사교육 정책에 성공한 적이 없다. 그 이유는 문제의 원인을 해결하지 못하고 현상에만 집착하는 대증요법에만 신경 썼기 때문이다. 사교육과 입시 정책은 돈 안 들이고 가장 개혁 효과를 많이 볼 수 있는 정책이다. 개혁의 방향이 옳은지 그른지는 차치하고, 뭔가 일을 했다는 티를 내기에 좋다는 뜻이다. 그래서 문재인 정부도 학종(학생부종합전형)과 수능을 건드렸다 아무것도 못 했고, 윤석열 정부는 말도 안 되는 '킬러 문항'와 '의대 증원' 공세로 본전도 못 찾았다.

사교육은 문제의 원인인 공교육을 자세히 들여다봐야 한다. 공교육에서 학생과 학부모의 수요를 맞추지 못하고 있으니 사교육으로 흘러간다. 다시 말해 사교육 문제는 어떤 원인의 결과이지, 그 자체가 정책 목표가 될 수는 없다. 즉, 공교육이 부실해서 생긴 문제를 해결하려면 그 원인인 공교육의 내실을 다지는 방향으로 가야 한다는 의미다. 사교육이 문제라고 해서 사교육을 잡겠다는 목표를 내세우면 그저 '대증요법'으로 끝나고 말 것이다.

또 입시가 너무 자주 바뀌니, 여기서 파생하는 불확실성 때문에 사교육이 판친다. 조금 오래 걸리더라도 본질적 문제를 해결해야 사교육을 잡을 수 있다. 따라서 집권 초기 정부가 뭐든 할 수 있다는 자신감에 빠져 사교육도 건드리고, 입시 정책도 바꾸는 등의 실수를 반복해선 안 된다.

그러나 좌파 정권은 80년대식 해법으로 일관하고 있다. 자율성과 다양성을 억압하고 획일성을 강조해 평등을 추구하는 것은 19세기 산업 시대에나 걸맞은 교육 방식이다. 더 나은 교육을 받고 싶은 욕망과 수요를 억제하는 것은 자유주의에 역행한다. 특히 과거 우리가 1인당 GDP가 1만 달러 시대였을 때와 4만 달러를 바라보는 현재의 교육관은 다를 수밖에 없다. 또 그때는 자녀가 많았지만 지금은 한두 명이다. 그러므로 부모들이 자녀의 교육에 투자하는 열정과, 시간, 비용이 더 큰 것은 당연한 일이다.

이런 상황에서 좌파 정권의 주장처럼 특목고 등을 폐지한다면, 이 학교들에 몰렸던 수요는 어디로 가게 될까. 결과는 뻔하다. '강남 8학군'의 부활은 예견된 수순이다. 결국 좋은 학군을 가진 부자 동네의 집값만 더욱 올리는 꼴이 되고 말 것이다. 오히려 전국에 명문고, 특목고 등이 흩어져 있던 시절에는 굳이 부자 동네에 가지 않아도 이와 같은 교육 수요를 충족할 수 있었지만 지금은 오직 강남으로만 집중되고 있다.

좌파 정부의 교육정책이 지지를 받지 못하는 또 다른 이유는 이들의 '내로남불' 때문이다. 전현직 장관과 청와대 수석, 국회의원 등 자녀들은 대부분 특목고를 나왔고, 유독 86세대 정치인의 자녀들 중엔 외국 유학생이 많다. 이는 대표적인 '사다리 걷어차기'의 행태이기 때문에 국민의 큰 공분을 산다.

그러나 보수 정치인들은 이런 문제를 아는지 모르는지 '강 건너 불구경'하듯 방치한다. 의미있는 교육정책을 이야기하는 정치인도 일부 있지만, 그들의 목소리는 묻히기 일쑤다. 이런 식으로 가다간 미래의 대한민국은 껍데기만 남게 된다. 교육은 미래의 자원인 인재를 키우는 '휴마인'이다. 그렇기에 창조적 보수가 꼭 깊게 살펴봐야 할 정책 분야다.

4 / 자유시민 양성

　　창조적 보수가 궁극적으로 추구하는 것은 자유시민의 양성이다. 이는 민주주의 사회를 자유주의 정신으로 떠받칠 수 있는 굳건한 보수의 터전을 닦는 일이기도 하다. 민주주의 사회를 지탱하는 것은 국가도 제도도 아닌 성숙한 개인이기 때문이다. 그러나 모든 개인이 자유주의 사회의 주체일 수는 없다. 성숙한 의식을 바탕으로 자유에 따르는 책임을 짊어질 수 있는, 교양과 지혜를 갖춘 시민만이 자유주의 사회의 주체다. 반대로 올바른 판단 능력을 갖고 있지 못하고 공동체의 문제에 수동적이며 시민의 덕성이 내재되지 못한 사람은 자유주의의 발전에 도움 되지 않는다.

자유주의를 핵심 이데올로기로 삼고 창조적 보수로 나아가기 위해선 건강한 자유시민을 키워 성숙한 민주주의 사회를 만들어야 한다. 그렇다면 우리는 자유시민을 양성하기 위한 시민교육에 큰 힘을 쏟아야 한다. 이때 시민교육은 단순히 학교에서만 이뤄지는 게 아니라 생애주기에 걸쳐 평생 진행돼야 한다. 즉, 초중고급별 시민교육과 대학에서의 시민교육, 직장과 지역사회에서의 시민교육이 함께 움직여야 한다는 의미다.

최근에는 지자체를 중심으로 마을공동체와 주민예산제도처럼 주민의 직접 정치 참여를 활성화하려는 곳들이 많다. 그런데 대부분 현장을 살펴보면 주민들의 참여가 생각보다 많지 않거나, 참여한다 하더라도 원활하게 작동하지 않는다. 그 이유는 무엇일까. 이는 우리 사회의 정치가 엘리트 중심으로 구조화되어 있기 때문이다. 즉, 정치가 이른바 '그들만의 리그'이기 때문에 일상 속에서 주민들은 관심을 갖지 않게 된다. 선거 때만 반짝 하고 열정을 보이다 선거가 끝나면 다시 일상으로 돌아간다.

하지만 정치에서 시민의 역할이 이벤트로 끝나선 안 된다. 내가 사는 지역의 문제에 관심을 갖고, 이를 해결하기 위해 적극적으로 참여하고 자신의 행동에 책임을 지는 모습을 보여야 한다. 엘리트 중심의 거대담론 정치에서 주민들의 문제해결형 민주주의로 가야 한다. 그런데 지금 우리의 현실이 이런 시민을 많이 갖고 있지 못한 것은 각자가 시민으로 성장할 만한 기회를 가져본 적이 없기 때문이다. 다시 말해 제대로 된 시민교육을 받지 못했다는 뜻이다. 결국 시민교육과 시민정치가 함께 가야 한다는 이야기다.

그렇다면 우리는 어떤 방식으로 시민교육을 실천해야 하는가. 이에 대해선 뒤에서 자세히 설명할 것이다. 그에 앞서 우리는 시민교육이 또다시 어떻게 정략화되고, 엘리트 정치인·관료에 의해 이용되고 있는지를 먼저 살펴봐야 한다. 시민교육이 엘리트에 의해 어떤 식으로 악용되고 있는지를 알아야 제대로 된 교육을 펼칠 수 있기 때문이다.

시민교육을 두고 보수와 진보 정치인 사이에 갈등이 있다는 것은 상식적으로 납득이 안 된다. 그러나 현실에선 이런 코미디 같은 상황이 벌어지고 있다. 시민교육, 그리고 이와 비슷한 다른 교육을 지칭하는 명칭 사이에 묘한 갈등과 대립이 숨어 있다. 즉, 사실상 바른 품성을 갖춘 시민을 기른다는 동일한 목표를 갖고 있으면서도 보수에서는 인성교육이라 하고, 진보에서는 민주시민교육이라고 부른다.

이유는 이렇다. 먼저 과거에 실시됐던 인성교육에 대한 부정적 이미지가 남아 있어서다. 1994년 '국민교육헌장'이 없어질 때까지 인성교육은 국가가 특정 이념과 덕목을 주입하는 형식으로 이뤄져왔다. 권위적이고 억압적인 면도 없지 않았다. 그 때문에 2000년대 이후 진보적인 교사와 이론가 사이에서 시민교육이 강조되기 시작했다. 단순히 착하고 말 잘 듣는 아이에서 주체적으로 판단하고 생각할 줄 아는 학생으로 기르자는 취지다. 학교를 민주적인 공간으로 만들자는 의미에서 앞에 '민주'라는 표현도 덧붙였다.

두 번째는 2012년을 전후해 인성교육이란 단어가 보수 진영의 전유물처럼 돼버린 측면도 있다. 대구 중학생 자살 사건을 계기로 정부는 인성교육을 근본 해법으로 제시하며 범정부적 노력을 기울였다. 당시 한국교총 등 정권에 우호적이던 보수단체를 중심으로 인성교육실천범국민연합이라는 단체가 만들어지고 정부 예산도 투입됐다. 2014년 12월에는 세계 최초로 '인성교육진흥법'이 제정됐다. 하지만 진보 진영은 반대 방향으로 갔다. 진보 교육감이 있는 경기도와 서울을 중심을 민주시민교육과가 생기고 학생인권조례 같은 조치들을 취했다. 그러면서 두 진영 간의 묘한 기 싸움이 시작됐다.

그러나 인성교육과 민주시민교육은 목적상 큰 차이가 없다. 인성교육진흥법은 인성교육을 "자신의 내면을 바르고 건전하게 가꾸고 타인·공동체·자연과 더불어 살아가는 데 필요한 인간다운 성품과 역량을 기르는 교육"이라고 정의했다. 이는 경기도 조례에 나오는 민주시민 교육의 정의("민주시민으로서 사회 참여에 필요한 지식, 가치, 태도를 배우고 실천하게 하는 교육")와 다르지 않다.

전문가도 둘을 크게 구분해 쓰지 않는다. 특히 최근의 인성교육은 과거와 달리 '바른 품성'뿐 아니라, '시민적 역량'을 함께 기르는 것으로 인식된다. 인성교육진흥법의 초안을 만든 정창우 서울대 윤리학과 교수는 "과거의 인성교육은 도덕과 규범의 측면이 강했지만 최근엔 시민적 인성을 강조하는 방향으로 가고 있다"며 "시민교육이 사회와 공동체에 초점을 맞췄다면 인성교육은 내면의 품성까지 아우르는 포괄적 의미"라고 설명하고 있다.

물론 같은 내용의 교육이라도 문화에 따라 부르는 명칭이 다를 수 있다. 예를 들어 프랑스(Education Civique)와 영국(Civic Education)은 시민교육, 독일은 정치교육(Politische Bildung), 미국은 인성교육(Character Education) 등이 주로 쓰인다. 그러나 한 사회에서 똑같은 교육 내용을 놓고 두 진영이 서로 다른 표현 방식으로 치열하게 다투는 경우는 드물다.

결국 한국에서는 시민교육을 한다면서도 보수와 진보가 인성교육과 민주시민교육처럼 서로 다른 명칭을 사용해 가며 갈등을 조장한다. 하지만 우리에게 시민교육은 무엇보다 필요한 일이다. 그런 의미에서 나는 양자를 아우를 수 있고, 또 '시민 양성'이라는 본연의 목적을 잘 표현한 '시민교육'이란 단어로 일원화할 것을 제안한다. 그러면 우리가 추구하는 시민교육은 어떤 모습이어야 하는가. 자세한 방법론에 대해선 독일의 사례를 예로 들어 다음 장에서 설명하겠다.

5 / 민주주의 역량

최근 주춤한 모습을 보이곤 있지만 독일은 유럽 최대 경제국으로 명실상부한 선진강국이다. 1·2차 세계대전의 주범으로 유럽 전역을 살육의 장으로 몰아넣었던 독일이 불과 한 세기도 지나지 않아 유럽의 대표 국가가 됐다. 현재 독일은 '하드파워'와 '소프트파워' 모두 뛰어나다. 28개 유럽연합(EU) 국가 중 가장 많은 분담금을 내고 있어 EU에서의 영향력도 가장 크다. 경제 규모를 나타내는 국내총생산(GDP)은 EU 전체의 24%를 차지한다.

독일의 더 큰 매력은 '소프트파워'다. 코트라(KOTRA) 조사 결과에 따르면 기능이 비슷한 제품이라도 한국산이 100달러면 독일산은 149달러다.

일본산(139달러), 미국산(135달러)보다 훨씬 높다. 신뢰와 성실 등 독일에 대한 좋은 이미지가 독일 제품에 '국가 프리미엄'이 붙게 하는 것이다.

그 밑바탕엔 독일 국민에 대한 호감과 믿음이 자리 잡고 있다. 중앙일보가 성인 3068명을 대상으로 가장 매력적인 국민과 그 이유를 물었는데 독일인(23.6%)이 압도적 1위였다. 성숙한 시민의식과 관용 정신이 그 이유였다. 실제로 유럽 난민 사태 때 독일인들은 넓은 포용력을 보이며 편협성을 보인 다른 유럽 국가들의 반면교사가 됐다.

이처럼 독일이 종전 반세기만에 유럽의 리더로 성장할 수 있던 것은 성숙한 시민의식 때문이다. 자신과 다른 의견도 존중하고 수용하는 포용과 개방의 정신, 타인에게 피해를 주지 않으며 제 역할을 다하는 책임감을 강조하는 시민의 존재가 오늘날 독일을 만든 것이다. 그렇다면 독일의 시민이 원래부터 훌륭했을까. 그것은 아니다.

독일은 한국처럼 민주주의를 '수입'한 나라였기에 원래부터 성숙한 시민이 존재하진 않았다. 오랜 역사 속에서 스스로 '시민'이란 개념을 발명하고 혁명과 투쟁을 통해 이를 학습한 영국·프랑스 등과는 여건이 달랐다.

한 세기 전 독일을 보자. 민주주의라는 제도를 흉내는 냈지만 그 내용까지 완벽하진 못했다. 대표적인 예가 나치의 집권이다. 나치는 민주주의 꽃인 선거를 통해 제1당이 됐고, 당수인 히틀러는 국민투표에서 88.1%의 압도적 지지로 총리와 대통령을 겸하는 '총통' 자리에 올랐다. 그러나 히틀러는 인류 역사에서 씻기 힘든 엄청난 비극을 저질렀다.

전후 독일 지식인들의 가장 큰 고민도 이 부분이었다. "나치의 역사적 만행을 답습하지 않으려면 어떻게 해야 하는가"란 질문이 1950년대 독일 사회의 가장 큰 화두였다. 독일인들은 그 답을 '깨어 있는 시민'에서 찾았다. 시민의식이 살아 있었다면 선거와 투표에서 나치와 히틀러의 집권을 막을 수 있었다는 반성을 하게 됐다. 히틀러의 집권과 독주에 대한 책임을 다른 데 떠넘기지 않고 자신들의 책임으로 인정한 것이다.

이런 반성에서 출발하여 독일은 정부가 막대한 재정을 투입해 초중고교부터 성인에 이르기까지 평생교육의 관점에서 시민교육을 시작했다. 특히 독일의 보수·진보를 대표하는 정치인·지식인 등은 한자리에 모여 '이념과 정파를 뛰어넘는 시민교육 3원칙'을 합의했다. 회의가 열린 도시의 이름을 따 '보이텔스바흐(Beutelsbach) 협약'이라고 부른다.[73]

그 결과는 어땠는가. 먼저 독일은 자신의 역사적 과오를 반성하며 성찰

---

73 세 가지 원칙은 ▶강압적인 교화(敎化)와 주입식 교육을 금지해 학생의 자율적 판단을 중시하며 ▶논쟁적 주제는 수업 중에 다양한 입장과 논쟁 상황이 그대로 드러나도록 하고 ▶학생의 상황과 이해관계를 고려해 스스로 시민적 역량을 기르도록 돕는다는 것이다.

하는 모습을 보여줬다. 1970년 폴란드의 유대인 위령탑 앞에서 찍힌 한 남성의 사진은 이를 상징적으로 잘 보여준다. 바로 서독의 빌리 브란트(Willy Brandt) 총리다. 그는 위령탑 앞에 무릎을 꿇고 눈물 흘리며 진심어린 사죄를 했다. 세계대전 때 유대인 600만 명을 학살한 히틀러의 악행을 '대속(代贖)'한 것이다.

그 후에도 독일 지도자들의 사죄와 반성은 계속됐다. 2013년 앙겔라 메르켈(Angela Merkel) 총리는 유대인 수용소를 찾아 희생자들 앞에서 사과하며 "나치의 만행은 아무리 사과해도 지나치지 않고 독일인의 영원한 책임"이라고 말했다. 이런 독일의 진심 어린 사죄와 반성은 이웃 나라들로부터 용서를 이끌어냈다.

독일 시민교육의 핵심 목표는 '선입견이 없는 (사람)'이란 뜻을 가진 'Unvoreingenommen'이란 단어로 압축된다. 이 같은 내용을 바탕으로 초등학교 5학년 때부터 고교 졸업 때까지 시민교육을 의무로 하고 있다. JTBC 〈비정상회담〉에서 논리 정연한 말솜씨로 유명한 다니엘 린데만의 사례를 들어보자. 그는 시민교육 시간에 학년별로 주제는 달랐지만 보통 일주일에 2번씩 사전에 미리 알려준 주제로 자료를 조사하고, 수업시간엔 열띤 토론을 했다고 한다. 린데만은 그중에서도 고등학교 1학년 때 때 몇 주 동안 교실의 모든 학생이 참여해 민주주의와 사회주의에 대해 논쟁을 벌였던 수업이 인상 깊었다고 했다.

그는 "애덤 스미스에서 시작해 마르크스, 또 현대 자본주의와 공산주의까지 친구들과 열정적으로 토론했다"고 회상했다. 이 수업의 특징은 자신의 생각과 관점에서만 말하지 않고 상대의 입장을 공감하도록 서로 입장을 바꿔가며 논의한다는 점이었다. 린데만은 "지난 시간에 민주주의 편에서 이야기했다면 이번 시간엔 사회주의 편에서 토론했다"며 "다양한 관점을 취하면서 각 체제의 장단점을 파악할 수 있었다"고 말했다. 그는 특히 "민주주의와 자본주의 체제가 왜 우월한지를 주입식이 아니라 스스로 느끼고 판단하는 방식으로 배웠다"고 설명했다.

이 같은 시민교육은 성인이 된 후에도 계속 된다. 정치·사회·환경·노동 등 실생활과 밀접한 이슈의 강의가 개설된 시민대학과 정치교육원이 전국에 1000여 개에 달한다. 이런 교육기관들은 주로 주민들이 일상적으로 겪는 지역 현안을 다룬다.

기자 시절 벤츠의 본사가 있는 슈투트가르트를 취재차 방문한 적이 있다. 당시 주민들은 시내 중심에 있는 중앙역의 지하화 문제를 놓고 주민 간에 의견이 크게 엇갈렸다. 그러자 이곳의 시민대학에선 이 문제를 놓고 공개 토론하는 수업을 개설했다. 수업에는 시민 200여 명이 참여했다. 중앙역 지하화를 찬성·반대하는 전문가가 먼저 논거를 제시하면 수강생들끼리 자신의 논리를 다듬어 토론을 벌였다. 토론회에는 주 정부와 의회 인사들도 참여해 주민들의 의견을 경청했다. 자유롭게 개진되는 이야기 중 의미 있는 것은 정부의 의사결정에 반영되기도 한다. 시민교육과 주민들의 정치 참여가 동시에 이뤄지고 있는 것이다.

이처럼 시민교육은 책을 달달 외거나 앉아서 수업을 듣는다고 되는 일이 아니다. 직접 현실에 참여하고 자신의 결정에 책임질 때 습득 가능한 것이다. 선거 때만 시민의 권리를 행사하는 형식적 민주주의만으로는 성숙한 국가 체제와 문화를 갖출 수 없다. 담론·이념 중심의 엘리트 정치가 주민 중심의 문제해결형 민주주의로 바뀌어야 하는 이유다. 그 과정에서 시민자치와 시민교육은 따로 분리될 수 없는 것이며, 동전의 양면처럼 함께 가야 하는 것이다.

그런 의미에서 독일의 사례는 우리에게 많은 시사점을 준다. 우리도 그들처럼 민주주의를 수입했다. 시민이란 개념을 스스로 발명하고 체화시킨 게 아니라 짧은 압축성장의 기간 동안 민주주의를 빠르게 체득한 것이다. 외형적으로는 민주주의 기틀을 모두 갖췄지만 내실은 아직 부족한 상황이다. 그리고 이것은 시민의 성숙을 통해서만 가능한 일이다.

한국교육과정평가원이 한국과 외국 초등학생의 시민교육 실태를 조사한 적이 있다. '사회생활에 필요한 질서와 규칙을 학교에서 배우고 실천하느냐'는 질문이었다. 여기에 '그렇다'고 응답한 한국 학생은 18.4%에 불과했다. 영국(54.3%), 프랑스(63%)의 3분의 1 수준이었다. '타인을 이해하고 존중하는 법을 학교에서 배우고 실천하느냐'는 물음에는 15.9%만 긍정적인 답변을 했다. 영국과 프랑스에선 각각 60%였다.

시민이 된다는 것은 민주주의 사회에서 권리이자 의무다. 그러나 가정과 학교, 지역사회 어디에서도 이처럼 삶의 가장 중요한 것들을 제대로 가르쳐 주지 않는다. 더 좋은 학교를 가기 위한 입시교육과 경쟁만 있을 뿐이다. 과연 우리는 자라나는 미래 세대에게 부끄럽지 않을 만큼 시민의 교양과 지혜를 갖고 있을까. 진정한 보수주의자라면 후손들에게 부끄럼 없는 성숙한 시민의 전통과 문화를 만드는 데 힘써야 한다.

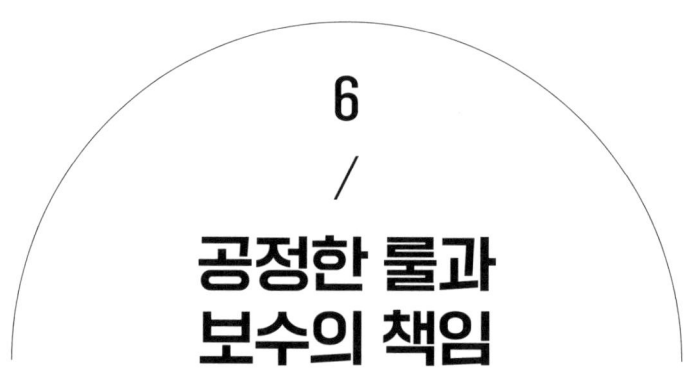

6 / 공정한 룰과 보수의 책임

책의 앞부분에서 나는 다수의 국민이 현재의 보수를 유지·계승해야 할 전통적 가치와 문화로 보는 게 아니라 단순 기득권으로 인식하게 되는 이유를 설명했다. 이를 다시 요약하면 사회의 불평등과 양극화가 심해지고 이를 바로잡을 희망 사다리가 존재하지 않을 때 보수는 기득권으로 전락한다. 그리고 그 사회는 오래가지 못하고 무너진다. 즉, 개인의 노력에 따라 자아실현과 사회경제적 성취를 이룰 수 있는 공정한 시스템이 존재해야만 건강한 사회가 지속될 수 있다. 이는 자유주의 사회의 핵심 원리기도 하다.

그러나 한국 사회의 공정과 정의의 수준에 대해 묻는다면 많은 국민이 높지 않은 점수를 줄 것이다. 오히려 그런 것이 존재하느냐며 반문할지도 모른다. 지난 몇 년 간 한국 사회를 규정해 왔던 가슴 아픈 단어는 '헬조선'과 '흙수저'다. 개인이 아무리 노력해도 '금수저'를 물고 태어난 사람을 따라갈 수 없다는 것, 뼈아프지만 인정할 수밖에 없는 현실이다.

그래도 지금의 기성세대가 청년일 때는 모두가 어렵고 힘들게 살았지만, 기회는 많았다. 공부하고 노력하는 사람에게는 정당한 보상이 주어졌다. 하지만 지금은 과거처럼 높은 성장이 이뤄지는 사회가 아니다. 따라서 우리는 과거보다 정의의 문제에 대해 더 큰 관심을 쏟아야 한다. 여기에는 사회적 정의와 경제적 정의 두 가지가 있다. 먼저 경제적 정의, 즉 분배 정의에 대해 살펴보자.

결론부터 말하면, 보수라고 해서 더 이상 성장과 분배의 이분법적 틀에 매달리면 안 된다는 것이다. 제 아무리 성장에 방점을 찍는다고 해도 뜻대로 성장이 이뤄지는 시대가 아니다. 또 분배를 한다고 해서 성장이 저해되는 것도 아니다. 왜 그런가. 지금까지 우리가 성장과 분배를 '제로섬(zero-sum)'으로 생각했다면 앞으로는 '포지티브섬(positive-sum)'이다. 이런 중대한 변화가 일어나는 이유는 앞으로 펼쳐질 눈부신 기술혁명에 있다. 이에 대한 자세한 논의는 전작 《인간혁명의 시대》에서 자세히 설명했다. 여기서는 간단히 핵심만 짚고 넘어가 보자.

예를 들어 과거에 자동차 한 대를 생산하기 위해선 백 명의 사람이 필요했다. 그런데 지금은 열 명이면 충분하다. 하지만 미래엔 한 명으로도 얼마든지 자동차 한 대를 생산할 수 있을 것이다. 이는 생산기술의 혁신 때문이다. 그런데 앞으로는 이런 혁신의 차원이 이전과는 매우 달라진다. 바로 AI 때문이다.

AI는 인간의 많은 역량을 대체할 것이고 그 과정에서 엄청난 사회적 변화를 초래할 전망이다. 많은 노동자들이 일자리를 잃을 것이며, 또 생각지 못한 새로운 직업들이 생겨날 것이다. 하지만 궁극적으로 AI로 대표되는 기술 혁명은 생산성을 극대화해 그동안 우리가 상상하지도 못했던 높은 잉여가치를 만들어낼 것이다. 결국 미래의 인간은 먹고 살기 위한 노동에서 해방돼 삶의 의미와 행복을 찾는 일을 하게 될 가능성이 크다.

이처럼 노동이 사라진 미래 사회엔 기본소득과 '가짜 직업'이 현실화될 가능성이 크다. 기술혁명이 만들어내는 사회구조적 실업은 이미 예정돼 있다. 이에 대해 빌 게이츠(Bill Gates)와 마크 저커버그(Mark Zuckerberg) 같은 이들은 '로봇세'를 통해 일자리를 잃은 노동자들을 위한 소득 보전을 주장하고 나섰다. 비현실적인 이야기로 들릴지 모르지만, 현재는 이미 과거가 돼버렸고 미래는 곧 오늘이 된다. 이런 관점에서 보자면 지금과 같은 성장과 분배의 틀로는 미래를 대비할 수 없다. 경제적 관점에서 국가의 역할은 더욱 증대될 수밖에 없다.

그러므로 보수가 지금과 같은 작은 정부의 틀에만 갇혀 있어선 안 된다. 시민과 기업의 자율을 억죄는 규제를 타파하면서도 분배와 복지 문제에 있어서 국가의 역할은 더욱 커져야 한다. 그렇기 때문에 지금과 같은 프레임으로 성장과 분배를 이분법적으로 바라보는 것은 옳지 않다.

아울러 미래에는 사회의 모든 분야가 '다운사이징(downsizing)' 될 것이다. 저출산 현상은 이미 정해진 미래다. 이제 와서 출산율을 늘이겠다고 해봐야 큰 효과를 보기 어렵다. 이런 시대에는 노동자 개개인의 가치를 소중히 여기고, 학생 한 명 한 명의 적성과 소질을 계발시킬 수 있는 정책이 필요하다. 다시 말해 시민 개개인의 가치가 높게 평가되고 이들의 역량이 제대로 발현될 수 있는 자유주의의 토양을 만드는 일이 중요하다는 뜻이다.

이처럼 기술혁명에 따른 문명의 전환과 저출산에 따른 다운사이징의 미래는 분배에 대한 새로운 관점을 제공한다. 더 이상 '성장이냐 분배냐' 식으로 선택을 할 시대가 아니라는 점이다. 요컨대 분배는 이제 진보만의 전유물이 아니라 보수 또한 매우 중요한 가치로 삼아야 할 시대가 됐다는 것이다.

두 번째는 사회적 정의에 대한 것이다. 이는 공정한 경쟁이 이뤄지지 않는 불합리한 사회구조적 모순을 깨는 것을 의미한다. 기회의 평등을 보장하고, 기울어진 운동장이 되지 않도록 사회 시스템과 문화를 만들어가는 일이다. 고려 시대 권문세족들이 과거가 아닌 음서제를 통해 관직에 진출했던 것과 같은 폐단을 없애는 일이 필요하다는 뜻이다. 이를 위해 불합리한 제도를 바꿔가는 것과 함께 진짜 중요한 것은 보수층이 '노블레스 오블리주'를 실천해야 한다는 점이다.

보수에게 '노블레스 오블리주'는 왜 필요한가. 영국의 대표적인 보수 지식인 로저 스크러튼(Roger Scruton)은 《합리적 보수를 찾습니다》에서 보수주의가 "모든 성숙한 사람들이 선뜻 공감할 수 있는 생각, 즉 훌륭한 유산은 쉽게 파괴되지만 쉽게 창조되지 않는다는 생각에서 기인한다"고 했다. 그렇기 때문에 우리는 "선조로부터 훌륭한 유산을 물려받았고 그것을 유지하기 위해 노력해야 한다는 것"이다.[74]

여기서 중요한 것은 '훌륭한 유산'이다. 이는 지금 내가 누리고 있는 풍요로운 삶이 나 혼자 잘했기 때문이 아니라 나를 둘러싼 모든 사회적 관계와 문화적 전통에서 기인한다는 의미다. 그런 의미에서 나의 성공은 사회라는 공동체로부터 큰 혜택을 받은 것이라고 볼 수 있다. 결국 지금 내가 누리고 있는 사회경제적 성취와 자아실현이 있기까지는 알게 모르게 사회에 큰 빚을 진 셈이다. 이 빚을 갚기 위한 생각이 바로 '노블레스 오블리주'다.

송복 연세대 명예교수는 이를 '특혜와 책임'[75]이란 단어로 설명한다. 자

---

74 로저 스크러튼(2016).《합리적 보수를 찾습니다》. 더퀘스트.
75 송복(2016).《특혜와 책임》. 가디언.

신이 높은 사회경제적 성취를 이루기까지 특혜를 받은 만큼 책임을 져야 한다는 의미다. 그러면서 송 교수는 서구의 노블레스와 대한민구의 상류층을 비교한다. "서구에는 상류사회가 존재한다. 200년 이상 지위를 유지해 온 존경받는 집단, 존경받는 계층이 있다. 영국의 해리 왕자는 왕족인데도 아프가니스탄에 가서 헬기를 조종했다. 이런 게 진정한 '노블레스 오블리주'다"라고 말한다.

반면 한국의 상류층에 대해선 "아래 사람에게 '갑질 행태'를 보이고 일반 대중을 상대로 오만한 행동을 한다. 우리 고위직층의 자녀 중 병역 면제자가 20%가 넘는다. 일반인은 4%가 안 된다. 군대 가도 전부 '꽃보직'을 맡는다. 이걸 보고 어떻게 그들을 존경하겠나"고 반문한다. 송 교수의 표현대로라면 특혜를 받은 만큼 책임지는 것이 서구의 노블레스이고, 특권을 누리면서도 책임을 회피하는 게 한국의 상류층이다. 그렇다면 왜 한국의 상류층은 책임을 다하지 않을까.

나는 한국의 상류층이 지식과 교양이 없기 때문이라고 생각한다. 불과 반세기 전, 전쟁의 폐허를 딛고 우리는 높은 물질적 성취를 이뤘지만 그에 걸맞은 정신적 성숙을 이루지 못했다. 반복되는 기득권층의 '갑질' 행태는 그들이 자신의 위치에 걸맞은 지적 성숙을 이루지 못했기 때문이다. '무식'하다는 것은 단순히 알고 있는 지식의 양이 많고 적음을 뜻하는 게 아니라 시민으로서의 매너와 지혜가 부족하다는 의미가 더 크다. 그런 의미에서 본다면

'땅콩'부터 '물컵'에 '막말'까지 양파 껍질처럼 벗겨지는 한 그룹 총수 일가의 '갑질'은 그들 스스로가 무식하다는 것을 천하에 증명하고 있는 것과 같다.

송복 교수는 이를 '천민 상층'이라고 부른다. "할아버지대 이상에서부터 켜켜이 쌓아온 체화된 상식·교양·문화와 윤리가 내면화돼 있지 않기 때문"에 '무식'하다는 이야기다. 여기서 내면화는 무의식적으로 행동할 때조차 교양과 매너를 지키는 것을 의미한다. 술에 취해도 한도를 넘어서지 않고 예의를 지킬 정도의 절제력을 말한다. 그렇다면 특혜 받은 상류층이 한국의 노블레스가 되기 위해선 어떻게 해야 할까. 물론 책임을 다하면 된다. 문제는 그 책임이 무엇인가 하는 점이다.

첫째는 희생이고 둘째는 교육이다. 나라를 막론하고 과거의 귀족들은 전쟁과 같은 위기 상황이 벌어졌을 때 목숨을 내놓는 사람들이 많았다. 이런 결기가 있었기 때문에 백성들은 귀족을 존경했고 지도층에 충성했다. 반대로 귀족이면서도 이런 책임과 의무를 다하지 않을 때는 적군이 아니라 자국 백성들의 의해 권좌에서 끌어내려졌다. 특권을 갖는다는 것은 그만큼 무거운 자리다. 하지만 한국의 상류층은 이를 인식하지 못하는 경우가 많다.

둘째는 교육의 중요성이다. 보수의 가장 중요한 가치는 '훌륭한 유산'이다. 그러므로 노블레스 역시 한 세대에서 쉽게 이뤄지는 것이 아니다. 할아버지와 아버지로부터 이어진 노블레스의 전통을 자손에게까지 이어가며 쌓는 것이다. 이를 위해선 자녀 세대에 대한 교육이 필요하고, 부모는 실천을 통해 모범을 보여야 한다. 그러나 한국은 일제강점과 6·25를 겪으며 이런 전통을 쌓을 시간이 부족했다. 따라서 이제라도 이런 훌륭한 유산을 만들어 나가도록 노력해야 한다. 그래야 존경받는 상류층이 될 수 있다.

요컨대 한 사회의 지도층이 된다는 것은 단순히 사회경제적 기득권을 갖는다는 뜻이 아니다. 돈과 권력만을 가진 지도층은 그저 '천민 상층'일 뿐이다. 진짜 노블레스는 자신의 명예에 걸맞은 오블리주의 실천으로 사람들의 존경을 받아야 한다. 앞으로 한국의 보수 엘리트가 영화 〈내부자들〉에 묘사된 것과 같은 부패 기득권층으로만 인식되지 않으려면 지금부터 뼈를 깎는 노력으로 노블레스 오블리주를 해야 한다. 그래야만 권문세족이 몰락하고 고려가 멸망한 것과 같은 시대의 종언을 피할 수 있을 것이다.

7 / 프레임 전쟁에서 승리하려면

　정치에서 프레임만큼 무서운 것도 없다. 누군가 '코끼리는 생각하지 말라'고 말하는 순간 우리는 코끼리의 프레임에 갇힌다. 박근혜 전 대통령 탄핵 이후 문재인 정부는 '보수=적폐' 프레임을 씌웠고, 이재명 정부는 '보수=내란' 프레임을 씌우고 있다. 한국 정치사에서 지금처럼 보수가 무너지고 힘이 빠진 적은 없었다. 그렇기 때문에 보수가 다시 일어서려면 진보가 만든 프레임을 깨는 것부터 시작해야 한다. 그렇다면 무슨 프레임을 깰 것인가. 또 그 위에 어떤 프레임을 세워야 하는가.

　이 책의 주된 논지대로 나는 그 프레임의 핵심은 자유주의라고 본다.

그리고 그 안에서 파생되는 개방·다문화·관용의 정신이 보수가 지켜야 할 정체성이다. 이를 통해 발현되는 시민 개개인의 개별성과 자아실현, 그것이 사회의 공익으로 연결되는 노블레스 오블리주가 보수가 지켜야 할 핵심 가치다. 즉, 시민의 자유와 책임을 중시하면서 관용적인 사회를 만들고 더불어 공동체의 안녕과 질서를 유지하는 것이 보수의 사명이다.

이를 위해서 보수는 몇 가지 프레임을 선점할 필요가 있다. 먼저 미래다. 눈앞에 펼쳐지고 있는 AI혁명은 엄청난 변화를 예고한다. 기술혁명은 늘 문명을 전환시켰지만, 지금 다가오는 새로운 혁명은 우리 삶을 송두리째 바꿔놓을 것이다. 인간의 신체를 확장시켰던 지난 세기의 기술발전과 달리, 4차 혁명은 인간의 의식을 대체하고 공동체를 뒤흔들어 놓을 것이다. 그런 시대에 우리는 어떤 준비를 해야 하는가. 과거에 얽매이지 않고 앞으로 나아가려면 우리는 무엇을 해야 하는가.

사실 그동안 한국 사회에서의 진보는 미래를 향한 진보가 아니라, 과거로 회귀하는 진보였다. 이들의 주된 의제는 일제 식민 잔재의 청산, 국가주의와 권위주의 시대의 폐습을 바로잡는 것에 초점이 맞춰져 있었다. 특히 현 정부의 핵심 정치 과제인 적폐 청산도 과거를 바로잡겠다는 것이다. 물론 지난 세월의 잘못된 것들을 바로잡는 작업은 꼭 필요하다. 그러나 우리는 어제의 일에만 머무를 수는 없다. 내일을 향해 한발 더 나아가야 한다. 보수는 정치의 진보가 아니라 문명의 진보를 위해 나아가야 한다. 그런 의미에서 '이제는 미래다'는 프레임을 보수가 앞장서서 어젠다로 삼고 발전시키길 희망한다.

다음으로 보수가 추구해야 할 프레임은 '세련된 글로벌 파트너'라는 인식을 갖게 하는 일이다. 다시 지정학의 시대로 돌입한 지금 남과 북, 미국과 중국, 일본과 러시아를 둘러싼 외교 전쟁은 그 어느 때보다 치열하다. 한반도는 이미 새로운 국제사회의 질서 속으로 빨려 들어가고 있다. 반공 논리에 사로잡힌 꽉 막힌 외교가 아니라 자유 진영의 가치외교를 바탕으로 한반도의 안녕과 평화를 위해 실리에 따라 유연하게 변화할 수 있는 세련된 외교가 필요하다. 이는 정부가 참여하는 외교 정책만을 의미하진 않는다.

단순한 정부의 공식 채널만을 넘어 정치, 경제, 사회 전반의 다양한 네트워크를 활용해 국제 관계를 원만하게 이끌어갈 수 있는 세련된 외교 능력을 의미한다. 기업을 활용한 국제 교류 활동, 적극적인 국제기구 참여, 민간 차원에서 벌어지는 다양한 NGO 단체의 구호 활동 등 사회 온 구성원과 연대해 시너지를 낼 수 있는 거버넌스(governance)를 구축해야 한다.[76]

세 번째는 '시민 정당'이다. 이는 앞서 설명한 자유시민의 확산과 같은

---

[76] 예를 들어 보수 정당의 정치인 중에 UN이나 유네스코 등의 핵심 인사들과 소통할 수 있는 사람이 있다든지, 다보스포럼(Davos Forum)과 로마클럽(The Club of Roma) 등 미래를 연구하는 단체와 긴밀히 협업할 수 있다면 그 자체로 얼마나 든든한 힘이 되겠는가. 스스로를 지역의 대리인이라고 폄훼하지 말고 이와 같이 국제적 역량을 쌓아 자신의 역할을 키워나가는 정치인이 있다면 어느 국민이 그를 응원하지 않을까. '직업인'으로서의 정치에만 몰두하지 말고, 진정 나라와 사회·국민을 위해 봉사하는 사명감 있는 정치인이 나오길 기대해 본다.

선상에 있다. 진보 진영의 전통적 프레임인 계급·계층 논리로는 보수가 필패할 수밖에 없다. 현재 한국 사회는 불평등과 양극화가 심화되고 있고 앞으로도 이 같은 현상은 계속될 것이기 때문이다. 계층 이동성 또한 낮아지면서 현 체제의 유지를 뜻하는 보수는 더욱 불리해질 수밖에 없다. 그러므로 사회적 상층부에 있는 이들을 비판하는 진보 진영의 공격은 앞으로도 오랜 시간 설득력을 얻을 전망이다.

하지만 진보의 이런 프레임에 걸려들어 보수까지 계급정당으로 전락해서 안 된다. 즉, '보수=잘 사는 사람', '진보=일반 서민'과 같은 계급 정치의 프레임을 깨야 한다는 이야기다. 이를 해결하기 위해선 앞에서 설명한 것처럼 사회·경제적 정의를 바로 세우고 이와 함께 계층 이동성을 높여 노력에 따라 성공의 크기가 커질 수 있는 사회를 만들어야 한다. 아울러 성공한 사람들은 노블레스 오블리주를 통해 사회에 헌신하고, 이를 통해 대중들로부터 존경받을 수 있어야 한다. 자신의 자유와 권리를 만끽하되 책임과 의무에도 앞장서는 자유시민이 많아져야만 건강하고 발전된 미래를 실현할 수 있다.

즉, 어떤 정치인이 됐든 계급과 계층의 프레임으로 사회의 갈등과 분열을 부추기고 포퓰리즘으로 대중을 현혹할 때, 보수는 이를 시민 정당의 프레임으로 극복해야 한다. 가령 부자 정당, 엘리트 정당 등으로 공격할 때는 보수가 부자와 엘리트의 편이 아니라고 해명할 게 아니라 자유시민의 권리와 책임을 강조하는 대중 정당임을 강력히 주장해야 한다. 앞서 말한 것처럼 보수 정당은 부자와 엘리트 등 기득권의 이익을 대표하는 정당이 아니므로 자유시민의 가치와 이익에 어긋나는 기득권이 있다면, 진보 정당보다 앞장서서 이들을 비판하고 잘못된 현실을 바로 잡아야 한다.

이런 점에선 우리는 영국의 보수당을 참고할 만하다. 1678년 설립된 토리당의 전통을 이은 보수당은 세계에서 가장 오래된 정당이다. 그 오랜 시간 동안 보수당이 살아남을 수 있었던 이유는 계급 정당을 추구하지 않았기 때문이다. 원래 보수당의 이념과 정체성은 근대 부르주아의 이익과 결합돼 있었다. 하지만 보수당은 계급적 이해관계에서 벗어나 국민정당을 추구하며 '하나의 영국'을 내세워 오랜 시간 집권에 성공했다.

특히 위기 상황에서 보여준 안정적 리더십은 보수당을 국민정당으로 만들었다. 정치적 격변기 때마다 유연하게 대응하고 기존 지지층을 유지하면서도 새로운 지지 기반을 확보하며 외연을 넓혔다. 이 과정에서 지역이나 특정 연고에 의존하지 않는 합리적인 이미지로 영국은 물론 유럽을 대표하는 보수 정당으로 자리매김했다. 이처럼 시민 정당이라는 프레임을 놓고 볼 때 한국의 보수당이 제일 먼저 해야 할 것은 '영남당', '부자당', '기득권당', '꼰대당' 등이 꼬리표부터 떼는 일이다.

에필로그

1. 주인의식과 책임감

1950년 3월 이승만 정권은 농지개혁을 단행했다. 6.25가 일어나기 3개월 전이다. 이때까지 대한민국은 지주의 나라였다. 짧은 시간 안에 조선에서 대한제국, 일제강점기, 광복으로 이어지는 역사의 수레바퀴가 굴러갔지만 지주와 소작농으로 구분된 전근대적 계급사회는 계속됐다. 농민들의 80% 이상이 소작농일 만큼 자산 격차가 컸다.

근대국가로 발돋움하는 과정에서 토지개혁을 실시한 나라는 많았지만, 성공한 나라는 드물다. 엄밀히 말하면 우리는 전체 토지가 아닌 농지에 한정해 개혁을 단행했기 때문에 좀 더 수월했을지 모른다. 그러나 아직도 대지주 계급이 존재하는 남미의 여러 나라를 볼 때 농지개혁의 성공은 그 자체만으로도 큰 성과인 것은 틀림없다.

당시 농민들은 소작료보다 저렴한 금액으로 5년 동안 분배받은 토지자금을 납부하면 농지를 온전히 자신의 것으로 만들 수 있었다. 그렇기 때문에 대부분의 농민들이 유상분배에 참여했다. 유상으로 분배하긴 했지만, 사실상 무상에 가까운 조건이었기 때문에 농민들로선 이 정책에 참여하지 않을 이유가 없었다.

대지주들은 정부가 발행한 국채인 지가증권을 매수하는 식으로 보상을 받았다. 그러나 이는 대지주 입장에선 쉽지 않은 결정이었다. 대외신인도가 0에 가까운 신생 독립국가의 국채를 매입하는 건 미래에 대한 확신 또는 희생하겠다는 뜻 없이는 불가능한 일이었기 때문이다. 그 덕분에 정부는 산업자본을 마련할 수 있었고, 근대화의 기틀을 다졌다.

지금 이렇게 농지개혁을 이야기하는 건 이 사건이 대한민국 현대사의 결정적 장면이었기 때문이다. 이제 막 자유세계에 발을 디딘 대한민국이 오늘날 산업화와 민주화를 동시에 성공하고, 선진국 반열에 오를 수 있던 것은 농지개혁의 성공이 없었다면 불가능했다. 그리고 바로 이 지점에서 대한민국 보수의 정신이 출발한다.

농지를 받은 농민들은 수십 년간 대를 이어 터전을 닦아온 그 땅이 더 이상 남의 땅이 아니라 내 땅이란 생각을 갖게 됐다. 내 땅이 생겼다는 것은 그 땅에서 수확하는 모든 것이 온전한 나의 것이 된다는 뜻이다. 그러면 더욱 열심히 일할 동기가 생긴다. 노력하는 만큼 나와 가족, 자식들이 잘살 수 있기 때문이다.

다시 말하면 이는 경제적 자유를 얻게 됐다는 이야기다. 국민 다수를 차지하는 농민들이 생산수단인 토지를 온전히 사유 재산으로 소유할 수 있게 되면서 진짜 자유주의가 시작됐다. 그러면 무슨 일이 생기는가. 땅을 지키고 싶고, 사적 소유가 허용된 대한민국의 정체성을 보존해야겠다는 주인의식이 형성된다.

북한은 6.25전쟁 이후 대한민국이 쉽게 무너질 것으로 봤다. 북침에 호응해 다수가 소작농인 농민들이 프롤레타리아 봉기를 일으킬 것이라고 생각했기 때문이다. 그러나 농지개혁은 전 국민을 주인으로 만들었고, 각각의 주인들은 자신의 가족과 마을, 공동체를 지키기 위해 목숨을 바쳤다. 그 에너지가 모여 오늘날의 대한민국을 만들었다.

이처럼 산업화와 민주화를 동시에 이룩한 국민들은 주인의식과 책임감이라는 보수 정신을 마음속에 깊이 새겼다. 그러나 현재의 보수 정치인들은 그렇지 않다. 국가에 대한 주인의식과 공동체에 대한 책임감을 갖춘, 제대로 된 정치인을 찾기 힘들다. 보수라는 외피를 쓰고 있지만, 실상은 자신의 이권에만 밝은 기회주의자들일 뿐이다.

특히 윤석열의 비상계엄 이후 주류 세력이 이끄는 국민의힘을 보면 보수 정당이라고 부르기 민망할 정도다. 그저 이권세력, 이익집단일 뿐이다. 비상계엄 이후 지금까지 영남지역을 중심으로 한 당의 주류 의원들은 대선에서 승리하거나 당을 개혁하는 것보다 자신의 기득권을 지키는 것에만 몰두했다.

외부인인 한덕수를 끌어들이며 당의 경선 자체를 형해화시켰고, 말도 안 되는 단일화 이슈로 이른바 '사기 경선'을 치렀다. 김문수가 최종 후보로 선출된 뒤에도 지도부가 협잡해 한덕수를 옹립하려는 시도까지 벌였다. 또 다른 기회주의자인 김문수는 어부지리로 얻은 대선후보 자격을 정치적 재기의 발판으로 삼았다.

과연 이들에게 보수 정치인으로서의 자질과 소명이 있는지 묻고 싶다. 현대 사회학의 아버지인 막스 베버는 정치 리더십의 본질을 신념 윤리와 책임 윤리의 조화에서 찾았다. 신념으로서의 정치는 자신의 가치관과 이상을 실현하는 과정이다. 신념이 강하면 의도하지 않은 결과로 오히려 국가와 국민을 위기에 빠뜨릴 수 있다. 소득주도성장이나 무분별한 의대 정원 증원 등이 대표적이다.

책임으로서의 정치는 국민의 공복으로서 자신이 의도치 않은 결과까지 책임지려는 자세다. 정치인으로서의 행동이 가져올 결과를 염두에 두고 본인의 책임을 다하는 것이다. 신념에 반하더라도 국가와 국민을 위해 용기 있는 결단을 내리는 행위도 여기에 포함된다. 그렇기 때문에 정치인의 소명은 신념과 책임의 윤리를 조화시키는 데에 있다.

이런 관점에서 본다면 지금 국민의힘 정치인 대다수는 신념도 책임도 없다. 국가와 국민을 어떤 방향으로 이끌어가야 할지에 대한 고민도 없고, 자신의 정치적 행위가 낳은 결과에 대해서도 책임지려 하지 않는다. 오직 본능적 욕망만 남아 좀비처럼 권력만 탐한다. 그 결과 다수 국민은 이들로부터 등을 돌렸다.

그렇다면 이렇게 망해가는 보수 정당을 그대로 놔둬야 할 것인가. 절대 그럴 수 없다. 지금 같은 상황이 2026년 총선까지 계속된다면 한국은 일본의 자민당과 같은 1.5당 체제로 굳어질 것이다. 즉, 민주당이 좌파와 중도 진영을 아우르고, 영남을 제외한 전 지역에서 의석을 싹쓸이하는 압도적 거대 여당이 탄생할 것이다.

그때의 이재명 정권은 행정부와 입법부, 나아가 민주당의 압도적 권력을 눈치 보는 사법부까지 손에 넣으며 87년 민주화 이후 한번도 보지 못한 황제적 권력을 갖게 된다. 사법 리스크로 위태로운 이재명은 임기 말이 다가올수록 어떤 무도한 짓을 벌일지 모른다. 이미 민주당은 있는 죄도, 없는 죄도 만들려는 입법 폭력까지 자행하려 들지 않았나.

방법은 무너진 보수 정당을 다시 세우는 길뿐이다. 지난 대선에서 이재명이 과반을 얻지 못한 것은 국민이 이재명에게 주는 경고의 메시지이자, 보수 정당에는 마지막으로 회생할 기회를 준 것과 다름없다. 이 기회를 살리지 못한다면 국민의힘은 지역정당으로 쪼그라들어 수권세력이 될 가능성마저 잃게 될 것이다.

2. 당원주권이 국민주권이다.

위대한 대한국민은 위기 때마다 분연히 떨쳐 일어나 나라를 지켰다. 저 멀리 3.1운동이 그랬고, 6.25사변도 마찬가지였으며, 4.19 또한 그러했다. 정치가 잘못된 길로 들어설 때나, 권력이 고삐를 잃고 폭주할 때 시민들은 어김없이 회초리를 들고 일어서 나라의 기강을 바로 잡았다. 나라 안팎의 위기를 겪고 있는 지금도 그럴 만한 때일지 모른다.

특히 국민을 지켜야 할 정치세력이 오히려 국민을 억압하고, 국민을 볼모 삼아 자신의 권력과 이득을 챙기기에만 혈안이다. 나라의 기본인 자유민주주의적 가치와 헌정 질서까지 무너뜨리며 기득권 사수에만 목을 맨다. 우리가 가야 할 길은 명확하다. 특히 보수 정치는 자유주의와 여기에서 파생한 공화국의 원리에 따라 무너진 질서를 다시 세워야 한다.

그것은 바로 국민이 먼저인, 국민이 주인이 되는 정치다. 국민의, 국민에 의한, 국민을 위한 정치가 바로 서도록 하는 것이다. 바로 우리 헌법 1조의 정신이다. 국민의 자유를 억압하는 비상계엄을 적법했다고 우기는 대통령이나, 그를 비호하며 계몽령이라고 국민을 눈속임한 정치인들부터 솎아내야 한다. 그것이 국민의 정치다.

보수 정치가 이재명을 비판할 때 그의 초법적 행태를 수없이 지적했다. 그러나 지난 5월 벌어진 후보교체 시도는 온갖 절차를 무시한, 헌정 질서를 뒤흔드는 반민주적 행태였다. 당의 주인인 당원의 뜻에 반해 특정 후보를 옹립하려 했다는 점에서 쿠데타나 다름없다. 대의민주주의의 기본은 투명하고 공정한 절차이므로 이를 무너뜨린 세력은 인적 청산의 핵심 대상이 돼야 한다.

정치는 누구를 위해 존재하는가. 국가의 모든 법과 제도, 정책은 국민의 인권과 자유, 평등, 안전, 복지, 행복 등을 위한 수단이다. 대통령과 의회, 그리고 모든 공직은 자리 자체가 목적이어선 안 된다. 오직 국민의 이익을 실현하기 위한 도구일 뿐이다. 원래의 목적을 잊고, 자리에만 집착하는 정치인들 또한 개혁의 대상임은 분명하다.

국민이 주인인 정치를 하기 위해선 당의 주인인 당원의 권한부터 분명히 해야 한다. 첫째, 당원주권에 어긋나는 불합리한 당론 결정 절차부터 바로 잡아야 한다. 보수 정당이 그렇게 욕하는 민주당조차 당론을 정할 때는 당원들의 의견을 반영한다. 그러나 국민의힘 주류 의원들은 당원을 거수기로 여기는 것 같다. 그렇기 때문에 당원의 목소리가 제대로 반영될 수 있는 통로를 만들어야 한다.

아울러 각자가 헌법기관인 국회의원 개개인의 의견을 하나로 강제하는 당론을 만들 때는 의결 절차가 까다로워야 한다. 지금처럼 의원총회에서 박수 치는 방식으로 정하면 당론의 권위도 없을뿐더러, 탄핵 반대 당론처럼 국민 의사에 반하는 당론이 나올 수 있다. 그러므로 당론 결정 시에는 전 당원 투표로 하거나, 의원총회에서 일정 비율을 반영할 수 있도록 의무화해야 한다.

둘째, 당대표와 원내대표 사이에서 벌어지는 권한 충돌 상황을 정리해야 한다. 오늘날 원내대표는 과거 원내총무의 자리를 격상한 것이다. 일각에선 원내중심 정당을 이야기하며 당대표를 없애자는 주장도 있다. 그러나 국민의힘처럼 지역기반이 영남으로 편중돼 있는 상황에선 원내중심 정당이 자칫 국민적 고립을 더욱 자초할 수 있다.

절차적 정당성과 합목적성 측면에서도 전 당원의 투표 결과로 선출된 당대표가 당 전체의 얼굴이 되는 것이 맞는다. 비상계엄 사태 당시 당대표와 원내대표 간의 권한이 충돌했던 상황을 돌이켜 보면 원내대표의 지위는 당대표 아래로 부속시키는 게 옳다. 아울러 원내대표 선출 시에도 당원의 투표

결과를 반영해야 바람직하다.

셋째, 민주당에서 또 한 가지 배워야 할 게 있다. 공천이 곧 당선인 텃밭 지역에선 다선을 금지하는 것이다. 지금 국민의힘처럼 3선 이상 중진들이 지역에 포진해 있는 상황에선 신인 정치인을 발굴하기가 불가능하다. 오히려 이들의 지역 카르텔만 공고히 할 뿐이다. 반면 새로 영입된 신진 정치인은 죄다 험지로 내몰고 있으니 자체적인 물갈이가 되지 않는다.

민주당에선 극히 일부를 제외하면 당내 다선에게 호남 지역 공천을 주지 않는다. 신진 정치인은 당선이 쉬운 곳에서 힘을 키우고, 다음 선거에선 경쟁력을 갖춰 수도권 등지로 출마한다. 이처럼 당 자체에서 젊은 정치인을 배려하고 다선일수록 경쟁력을 갖추게 만드는 시스템이 필요하다. 이른바 국민의힘 안에서 '언더찐윤'으로 불리는 의원들의 대다수가 영남지역 다선이란 사실을 보면 이런 조치가 왜 필요한지 알 수 있다.

넷째, 지구당 부활이다. 지구당은 중앙당의 지역 하부조직이었으나 2004년 정치자금법·정당법·공직선거법 개정으로 폐지됐다. 이후 지역위원회와 당원협의회가 그 역할을 대신하고 있지만, 지구당과 달리 정당법상 공식 조직이 아니어서 제대로 운영되기 어렵다. 원내에 있지 않은 정치인들은 사무실조차 구하기 어렵고 선거 때가 아니면 후원금 모금도 불가능하다.

결국 현역 의원들과 달리 원외 정치인들은 사비를 털어가며 정치해야 한다. 개업이 가능한 전문직이거나 금수저가 아니고선 정치를 이어가기 힘들다. 이는 정치의 높은 진입 장벽으로 작용해 유능하고 젊은 정치인들의 입성을 방해한다. 특히 현역 의원들이 영남에 몰려 있는 국민의힘의 경우 수도권에 기반을 둔 원외 정치인들의 목소리가 커져야만 전국 정당으로 가는 길이 용이하다.

다섯째, 인적 혁신이다. 이는 청산과 쇄신을 동시에 뜻한다. 정치가 변하려면 인물이 바뀌어야 하고, 그래야만 시대교체도 할 수 있다. 앞서 밝힌 구태와 구악에 물든 정치인들은 청산해야 마땅하다. 이들을 그대로 둔다면 그 어떤 개혁으로도 국민 다수를 설득할 수 없다. 쇄신은 젊고 유능한 개혁적 정치인을 발굴하고 키우는 일이다. 2008년 한나라당 이후 보수 정당은 인적 개혁이 단 한 번도 제대로 이뤄지지 않았다.

우리나라의 평균적 인구 구성비까진 아니어도 지금보다 30~40대 정치인들이 더욱 많아져야 함은 물론이다. 다만 '청년 정치인'이란 간판만 걸고 겉으로 보이는 젊음의 이미지만 소비하고, 실상은 구태에 가까운 젊은 꼰대 정치인의 양산은 막아야 한다. 이를 위해 인재 영입을 위한 당의 문을 활짝 열어두고, 신진 정치인의 진입 장벽을 낮춰 경쟁력 있는 인물들이 활발하게 입당할 수 있도록 해야 한다.

여섯째, 국회의원의 역량을 높여야 한다. 어렵다면 역량을 갖춘 이들을 잘 추려내는 장치가 필요하다. 한때 공천 과정에서 필기시험을 도입하겠다는 이준석의 능력주의 시스템이 논란이 된 적 있다. 시험으로 의원의 역량과 자질을 파악하긴 어렵지만, 적어도 그런 문제의식에는 동의한다. 능력이 모자라도 한참 모자란 국회의원들이 꽤 있기 때문이다.

국회의원을 하려면 전문지식까진 아니어도 원활한 의사소통능력은 갖추고 있어야 한다. 정치인들에게 기본적인 토론능력과 논리력이 부족해 정치가 더욱 극단화되는 측면도 없지 않다. 대선 때 후보자 토론이 필수이듯, 이들의 역량을 당원과 국민이 직접 보고 판단할 수 있는 장치가 생겨나야 한다. 예를 들어 공천배심원제 같은 것을 생각해 볼 수 있다. 무작위로 뽑힌 당원들이 해당 지역의 공천 면접에 참여해 의사 표시를 하는 방식이다.

일각에선 그 많은 사람들을 언제 다 평가하겠느냐고 반문할 수 있지만, 토론과 소통이 정치의 일상으로 자리 잡으면 꼭 불가능한 일도 아니다. 민주주의가 성숙하고 지방자치가 발전한 나라일수록 정치인과 시민 간의 커뮤니케이션은 원활하다. 꼭 선거 때만이 아니더라도, 일상의 정치 과정 전반에서 정치인의 역량을 시민들이 검증할 수 있어야 한다.

3. AI혁명과 정치

우리 앞에는 AI혁명이 놓여 있다. 기술혁명은 늘 의식과 제도, 문명의 변화를 초래한다. 그런데 이를 올바른 방향으로 이끄는 것은 과학이 아니라 인간이다. 2500년 전 인류는 역사상 가장 찬란한 정신문화의 꽃을 피웠다. 서쪽에선 소크라테스, 동쪽에선 공자가 활발하게 활동하며 정신문명의 원류를 만들었다. 그 이후 오랜 시간이 흘렀지만 우리는 지금도 이들을 세계의 성인이라 부른다.

소크라테스와 공자가 함께 활동했던 시대의 공통점은 인류 문명 깊숙이 철기가 들어왔다는 점이다. 처음 무기로 쓰였던 철기는 점차 농기구로 발전했고, 이는 생산성을 증대시켰다. 잉여가치가 크게 늘며 단순히 먹고 살기 위한 노동으로부터 해방된 인간은 그 시간을 의미 있게 썼다. 그 안에서 학문이 생겨났고 처음으로 학자들이 등장했다. 그리스 아테네에선 시민과 소피스트(sophist)가, 중국 춘추전국시대엔 '선비(士)'와 제자백가가 나타났다.

아울러 이 당시 활발하게 보급된 문자는 단순한 이론을 지식과 학문의 체계로 만들었다. 지식은 한 사람의 생각이 다른 사람의 것과 합쳐지고 후대로 전해지면서 높은 탑을 쌓아갈 때 그 힘을 발휘한다. 문자는 그 역할을 톡톡히 했고, 인류는 정신문명의 전성기를 맞았다.

철기혁명 후 어두웠던 중세를 지나 르네상스와 대항해시대를 겪은 인간은 다시 새로운 기술혁명을 맞이했다. 바로 18세기 산업혁명이다. 증기기관과 방적기의 발명은 노동의 주체를 인간에서 기계로 바꿨다. 일하는 인간으로서 대우받던 존경과 위계가 기계에 의해 말살됐다. 그러면서 인간은 산업이라는 거대한 기계의 부속품처럼 변해갔다. 대량생산 기계의 보조 역할을 하며 '인간의 기계화'가 심화됐다.

생산수단을 거머쥔 자본가의 탐욕과 욕심은 더욱 커졌고, 인간 노동자의 인권과 존엄은 나락으로 떨어졌다. 교육도 대량생산에 필요한 공장 노동자를 양성하는 방식으로 최적화되어 갔다. 양극화와 불평등도 심화됐다. 2500년 전 선조들이 했던 것처럼 기술의 발전을 제어할 인간의 지성이 성숙하지 못했던 것이다.

하지만 기술의 발달은 눈부셨다. 거대자본과 결탁한 기술은 더 이상 인간 스스로 주체할 수 없을 만큼 물질적 에너지를 응축했다. 그만큼 체제의 모순과 부조리가 쌓이면서 나중에는 집단적 폭력과 광기로 분출됐다. 바로 제국주의와 두 차례의 세계대전이었다. 그리고 이 갈등은 지금도 세계 곳곳에서 매일같이 벌어지고 있다. 애써 눈감고 현실을 직시하지 않을 뿐이다.

그런데 지금 우리는 이전보다 훨씬 파고가 높고 거대한 AI혁명을 눈앞에 두고 있다. 지금까지의 기술혁명이 인간의 신체를 대체하는 것이었다면, 앞으로의 AI혁명은 인간의 의식을 대체한다. 사회 곳곳에서 엄청난 규모의

'직업 증발'이 십수 년 내에 현실화될 것이다. 과학기술의 발달로 우리의 문명 자체가 송두리째 바뀌는 대변혁의 시대다.

그럼 우리는 어떻게 해야 할까. 답은 정해져 있다. 2500년 전 지혜로운 선조들이 그랬듯 인간혁명을 이뤄야 한다. 과학과 기술에 윤리와 가치의 영혼을 불어넣고 물질적 성장을 제어할 만한 성숙한 정신을 기르며, 이를 현실화할 수 있는 법과 제도를 만들어야 한다. 바로 그 지점에 정치의 중요한 사명이 있다.

정치의 존재 이유는 무엇인가. 인간이 살아가는 데 필요한 기준을 만들고 공공의 복리를 증대시키는 행위가 정치다. 국민의 권리와 자유를 보장하고 외부의 침입과 내부의 혼란으로부터 구성원을 보호하는 게 정치다. 개별 시민의 개성을 존중하고 자아실현을 도와 행복을 추구하는 게 정치다. 그 과정에서 생겨나는 개인이나 집단 간의 의견 차이나 이해 충돌을 합리적으로 조정하고 한정된 자원을 배분하는 것이 정치다.

그렇다면 지금과 같은 AI혁명 시대에 정치의 역할은 자명하다. 재능 있는 과학자와 엔지니어가 만들어갈 혁명적인 기술들이 인간의 삶을 이롭게 만들 수 있도록 이정표를 제시하고 이끌어가야 한다. 보통 시민의 눈높이에서 함께 소통하되, 정치인은 그보다 더 먼 곳을 바라볼 수 있어야 한다. 정치인이 미래지향적이어야 그 사회도 앞으로 나아갈 수 있다. 오늘날의 보수는 과거보다 변화의 속도가 빨라야 한다고 했던 것도 이런 맥락이다.

과거 그리스·로마 시대의 정치인은 국민이 부여한 공적 권력을 갖는 대신 인간과 자연, 세상에 대해 더 많은 고민과 성찰을 했다. 그러면서 교양과 지혜를 쌓았고, 그 덕분에 인류 문명이 더욱 높은 수준으로 꽃을 피울 수 있었다. 비록 이들이 알고 있던 지식의 총량은 현대인보다 적었을지언정 그들은 삶에 대한 더욱 넓은 혜안과 세상에 대한 깊은 통찰을 갖고 있었다.

지금 우리는 정치혁명을 이뤄야 한다. 매너리즘에 빠져 한 치 앞도 보지 못하고, 과거의 향수를 자극해 권력의 연장에만 관심 있는 정치인들은 더 이상 국회에 발을 붙여서는 안 된다. 시민들도 이제 과거의 기준과 논리로 정치인을 선택하지 말아야 한다. 정치인에겐 다수의 시민을 대표해 미래의 운명을 개척해 나갈 무거운 책임이 있기 때문이다. 새 술은 새 부대에 담아야 하듯, 새 정치엔 새로운 사람이 필요하다.

보수의 그릇에도 새로운 내용이 들어 있어야 한다. 그런 의미에서 미래의 보수는 지금보다 더 진보적이어야 한다. 움직이지 않는 건 변화하는 세상에서 퇴보할 뿐이며, 새로워지지 않는 건 썩을 뿐이다. 그 새로움의 토대는 자유주의여야 하고, 자유는 인간을 해방시킬 유일한 도구이며 문명의 발전을 이끌어가는 핵심 원리다.

요컨대 지금까지 보수라고 믿어 왔던 정치인과 정당은 보수의 외피를 쓴 권위주의 세력이 주류였고, 이들은 자유주의의 본질적 의미를 외면했다. 그렇기 때문에 미래를 지향하는 창조적 보수가 추구해야 할 것은 진짜 자유주의이며, 이를 위해선 정치·사회적 자유주의를 보수의 핵심 가치로 받아들이고 삶의 준칙으로 삼아야 한다.

사회적 자유주의는 언론·출판·집회·결사의 자유로 대변되는 표현의 자유, 그리고 시민 개개인의 개성이 존중받는 다양성과 개별성, 수직적 구조를 무너뜨리는 수평적 조직 관계, 자유로운 토론과 원활한 커뮤니케이션 등을 의미한다. 그 안에서 개인의 취향과 생각, 라이프 스타일은 절대적으로 존중받아야 한다. 작고 보잘 것 없는 생각이라도 무시당해선 안 되며 다수의 목소리로 소수를 짓눌러서도 안 된다. 이런 확신을 갖고 행동으로 옮길 수 있는 사람이 진정한 사회적 자유주의자다.

정치적 자유주의의 첫 번째는 소수자 보호다. 민주적 의사결정 원리인 다수결이 만능이 아니라는 뜻이다. 다수의 횡포를 막고 견제와 균형의 원리를 실현하는 것, 자유민주주의의 최상위 전제다. 두 번째는 사회적 자유주의가 정당이라는 정치 체제로 구현하는 것을 말한다. 그러나 분단이라는 특수한 상황에 놓인 한반도에선 사회적 자유주의와 정치적 자유주의는 도입 속도가 다를 수밖에 없다. 그래야 기존의 보수층을 끌어안고 갈 수 있다. 지금 단계에서의 정치적 자유주의는 사회적 자유주의를 보다 실효성 있게 구현할 수 있는 시민적 토양을 만드는 일이다.

창조적 보수는 시민정당을 추구해야 한다. 자유롭고 책임질 줄 아는 건강한 시민들이 연대해 행동하는 지성으로 결집해야 한다. 선거 때만 주권을 행사하는 유령 시민이 아니라 정치·사회적 현안에 적극 참여하고 그 행동에 책임질 줄 아는 시민을 키우는 정치를 펴야 한다. 과거에 그래왔던 것처럼 선거 때만 반짝 표를 얻으려 하고, 대부분의 시간은 '그들만의 리그'로 빠지는 정치 행태를 반복해선 안 된다.

그렇다면 새로운 보수 정당과 정치인은 무슨 역할을 해야 하는가. 시민 각자의 개별성과 창의성이 발현되고, 토론을 통해 집단지성을 발휘해 공동체의 문제를 함께 해결해 가는 '퍼실리테이터(facilitator)'의 역할을 할 필요가 있다. 시민들이 자기가 사는 지역의 문제에 적극 참여할 수 있게 환경을 조성하고, 그 안에서 나온 이야기들이 건강하게 의회로 수렴될 수 있는 민의의 창구가 돼야 한다.

시민의 자치는 뜬구름 잡는 정치가 아니라 실제 삶과 깊이 연관된 이슈들을 고민하는 '문제해결형 민주주의'를 지향하는 게 옳다. 이를 위해선 시민교육이 필수다. 시민적 성숙이 아직 무르익지 않은 현실에서 당분간은 토론과 소통이 매우 힘든 작업일 수 있다. 그러므로 상대를 경청하고 올바르게 의견을 나누며 시민적 덕목과 역량을 기르는 시민교육이 함께 펼쳐져야 한다. 이와 함께 중앙당과 엘리트 중심의 정치가 아니라 시민이 직접 삶에서 맞닥뜨리는 문제들을 직접 해결할 수 있는 장을 만들고, 이를 북돋는 것이 미래 보수 정치가 선점해야 할 핵심 과제다.

정리하자면 보수의 핵심 가치와 철학으로 자유주의를 받아들이는 궁극적 목표는 자유롭고 책임 있는 시민을 키우기 위해서다. 이를 위해 앞으로의 보수 정당과 정치인은 사회적 자유주의를 바탕으로 정치적 자유주의를 확대하며 기존의 경제적 자유주의와 조화를 이룰 수 있는 지점을 함께 모색해야 한다. 이를 통해 계급정당이 아닌 시민정당으로 거듭나는 게 미래 보수가 나아갈 길이다.

맺음말

빅토르 위고(Victor Hugo)의 동명소설이 원작인 뮤지컬 《노트르담 드 파리》는 15세기 프랑스를 배경으로 한다. 꼽추인 콰지모도와 집시 여인 에스메랄다, 주교인 프롤로가 주인공이다. 뮤지컬을 보지 않은 사람들도 진중한 분위기와 시원한 고음이 일품인 곡 〈대성당들의 시대〉를 한 번씩 들어봤을 것이다.

그러나 이 작품의 백미는 2막을 여는 넘버 〈피렌체〉다. 종교가 세상을 지배하던 대성당들의 시대가 끝나고, 인간이 중심인 후마니타스의 시대가 오고 있음을 노래한다. 〈피렌체〉는 과학이 종교를 대체하고, 대항해시대가 인류의 지성을 넓히는 새로운 세계를 이야기한다. 그러면서 대성당들이 무너지고 있다는 경고를 묵직하게 던진다.

작품의 배경이 된 15세기는 한 세기 전 흑사병이 유럽 전역을 휩쓸고 간 이후다. 지역에 따라 인구의 절반이 죽었다는 기록도 있다. 그 전에는 십

자군전쟁이 있었다. 생사의 갈림길에 선 문화·예술가들 사이에서 신이 아닌 인간의 실존적 가치와 고민을 다루는 흐름이 생겼다. 바로 르네상스다.

포문을 연 것은 단테(Durante degli Alighieri)의 《신곡(Divina Commedia)》. 주인공이 로마 시인 베르길리우스의 인도를 받아 지옥과 연옥, 천국을 여행하는 내용이다. 이와 세트로 거론되는 작품이 보카치오(Giovanni Boccaccio)의 《데카메론(Decameron)》으로, 《신곡》에 빗대어 '인곡(Umana Commedia)'으로도 불린다. 두 작품이 등장한 후 인문주의가 급속도로 퍼졌다. 종교가 타락하며 사회 질서가 주저앉았고, 과거의 기득권은 새로운 시대의 흐름을 타고 흔들렸다. 신의 자리를 대신한 것은 인간이고, 후마니타스는 새로운 질서와 규범을 만들었다.

그렇게 인문의 시대가 열리면서 종교개혁, 대항해시대, 과학혁명으로 이어졌다. 유사 이래 단 한 번도 중국을 뛰어넘지 못했던 유럽은 16세기 이후 처음으로 중국을 앞지르기 시작했다. 1500년에 유럽 30개국의 1인당 GDP는 771달러, 중국은 600달러였다. 1950년에는 각각 4569달러, 448달러였다.(앵거스 매디슨 프로젝트) 중국이 병든 용으로 전락한 사이, 유럽은 지식과 시장이 결합한 글로벌 사회를 만들었다.

오늘날 한국 정치를 보면 무너져가는 대성당들의 시대가 떠오른다. 근대화 담론을 주도했던 비동시적 동시성의 시대가 끝나고 극동시성의 시대를 맞이했다. 세계는 하나로 연결돼 있고, 젊은 세대는 같은 나라의 기성세대보다 다른 나라의 또래들과 더욱 친밀감을 느낀다. 급격히 진행되는 AI혁명은 우리 삶을 송두리째 바꿔놓을 태세다.

더 이상 우리가 익숙했던 구시대의 정치 패러다임으론 세상을 이해하기 어렵게 됐다. 시대가 변하면 정치라는 그릇에 담기는 내용물도 달라지기 마련이다. 마치 대성당들의 시대가 끝나고 르네상스가 도래한 것처럼 말이다. 이는 보수와 진보 모두 마찬가지다. 사실 윤석열과 이재명은 데칼코마니와 같다. 성정과 품성, 리더십 스타일까지 비슷하다. 다른 점은 윤석열은 아둔하고, 이재명은 영리하다 못해 교활하기까지 하다는 점이다.

헌법재판소 결정문에서 재판관들은 윤석열뿐만 아니라 이재명의 민주당에도 큰 경고장을 날렸다. 구시대의 정치를 끝내려면 이재명으로 상징되는 민주당의 앙시앵 레짐도 끝을 봐야 한다. 어쩌면 국민의힘에서 윤석열이 파면되고, 그를 따르던 과거의 친윤 세력이 주류가 돼 망해가는 길로 접어든 것이 오히려 잘된 일일 수도 있다. 내일을 위한 창조는 파괴된 어제의 폐허 위에서 시작하기 때문이다.

하지만 갑자기 하늘이 내린 듯한 구원자가 나타나 보수 정치를 바꿔줄 것이라고 기대하진 않는다. 그것은 또 하나의 신앙일 뿐이다. 신에게 성군을 내려주길 바라는 것은 나무토막 왕이 싫어 학을 새로운 왕으로 섬겼던 개구리들의 우화를 반복할 뿐이다. 앞으로는 국민의 손으로 국가를, 당원의 힘으로 정당을 개혁해야 한다. '동료시민'과 이 길을 함께 걸어갈 '동료리더'가 있으면 된다.

미래의 새로운 리더는 과거처럼 '나를 따르라'는 식의 카리스마형 지도자가 아니다. '아주 보통의 하루'를 보내며 일상을 공유하고, 삶의 희로애락을 함께 공감할 수 있는 '아주 보통의 정치인'이어야 한다. 여기서 '보통'이란 말이 뜻하는 것은 국민의 눈높이에서 생각하고, 다수의 상식과 합리에 부합할 수 있어야 한다는 의미다.

기술혁명이 눈앞에서 펼쳐지고, 세계질서가 새롭게 재편되는 사이 우리는 다시 역사의 갈림길에 놓였다. 앞으로의 1년이 보수 정당의 미래를 좌우할 것이다. 2026년 지방선거 이후에도 국민의힘이 혁신의 길로 들어서지 못한다면 보수 정당의 미래는 암울하기 짝이 없다. 극우, 지역 정당으로 전락하고 '중·수·청(중도·수도권·청년)'은 모두 떠나 수권 능력을 상실한 정당이 될 가능성이 크다.

하루 빨리 보수 정치가 환골탈퇴해 이재명 정권을 견제하고 발전적 대안을 제시할 수 있는 건강한 정치세력으로 자리매김하길 기대해 본다. 그리고 이 기대를 현실로 만드는 가장 큰 원동력은 행동하는 지성, 바로 동료시민이라는 점도 잊지 말자.

도둑맞은 권력, 진짜 보수

초판 1쇄 발행	2025년 8월 5일
지은이	윤석만
펴낸이	신민식
펴낸곳	가디언
출판등록	제2010-000113호
주소	서울시 마포구 토정로 222 한국출판콘텐츠센터 419호
전화	02-332-4103
팩스	02-332-4111
이메일	gadian@gadianbooks.com
CD	김혜수
마케팅	남유미
디자인	미래출판기획
종이	월드페이퍼(주)
인쇄 제본	(주)상지사P&B
ISBN	979-11-6778-164-2 (03340)

* 책값은 뒤표지에 적혀 있습니다.
* 잘못 만들어진 책은 구입하신 서점에서 바꾸어 드립니다.
* 이 책의 전부 또는 일부 내용을 재사용하려면 사전에 가디언의 동의를 받아야 합니다.